杰斐逊

Thomas

Jefferson

杰斐逊

Thomas Jefferson

皮波人物国际名人研究中心 编著

国际文化出版公司

·北京·

图书在版编目（CIP）数据

杰斐逊/皮波人物国际名人研究中心编著. --北京：国际文化出版公司，2012.12（2024.2重印）
（名人传记丛书）
ISBN 978-7-5125-0425-7

Ⅰ. ①杰… Ⅱ. ①皮… Ⅲ. ①杰斐逊，T.（1743～1826）—传记 Ⅳ. ①K837.127=41

中国版本图书馆CIP数据核字（2012）第199514号

杰斐逊

作　　者	皮波人物国际名人研究中心　编著
责任编辑	孙进军
统筹监制	葛宏峰　刘　毅　任立雍
策划编辑	胡雪虎
美术编辑	丁鉷煜
出版发行	国际文化出版公司
经　　销	国文润华文化传媒（北京）有限责任公司
印　　刷	北京一鑫印务有限责任公司
开　　本	700毫米×1000毫米　16开 10.5印张　96千字
版　　次	2012年12月第1版 2024年2月第3次印刷
书　　号	ISBN 978-7-5125-0425-7
定　　价	39.00元

国际文化出版公司
北京市朝阳区东土城路乙9号　邮编：100013
总编室：（010）64270995　传真：（010）64270995
销售热线：（010）64271187
传真：（010）64271187-800
E-mail：icpc@95777.sina.net

目录

目录

目录

人生落幕

年少的时光

受父亲的启迪

你了解和华盛顿、林肯并驾齐驱的美国总统托马斯·杰斐逊吗？

他是美国历史上著名的思想家，是18世纪美国启蒙思想的主要代表人物之一，反对一切压迫，仇视君主制和贵族特权；他是出众的政治家，恪尽职责，为人民谋福利，维护民主；他是杰出的国家元首，以维护民主为己任，遵纪守法，以身作则；他也是出色的教育家，一生勤奋不已，热心于教育事业，为了创立弗吉尼亚大学，殚精竭虑。这就是杰斐逊。想要彻底了解杰斐逊的一生，还要从他的童年说起。

杰斐逊的雕像

杰斐逊记忆中的父亲年轻、健壮，但是他还没来得及与父亲在力气上一较高下，父亲就去世了。父亲叫彼得·杰斐逊，他身材魁梧，高大得跟巨人似的，虽然后来杰斐逊长得也很高，并被人称为“高个子汤姆”，却仍然没有父亲那么高大。父亲的力气十分惊人，两大桶的烟草，他一用力，就能同时将它们提起来。

彼得的力气到底有多么大呢？这里有个有趣的故事。据说有一次，彼得指挥三个奴隶，用绳子把一座毁坏了的棚子绑好，然后把它拉倒。三个奴隶使出浑身的力气拉了半天，还是拉不倒，结果彼得看了很生气，就吩咐他们站到一边，自己抓起了绳子，一下就把它拉倒了。

彼得一生都恪守着一个信条——自己能做到的事情，绝不会找别人帮忙。杰斐逊日后就深受这句话的影响。

彼得虽然没有受过太多的教育，但是他靠自己坚强的意志，也靠着天生正确的判断和求知的诚挚，阅览了很多书籍，从没有放弃过进步与求索。就是因为他的勤奋和钻研的精神，他和威廉玛丽学院的数学教授乔舒亚·弗莱伊，被挑选出来一同管理弗吉尼亚和北卡罗来纳州之间的边界。后来的事实证明，杰斐逊在这些方面也仿效了他的父亲，不管是在生活中还是政坛道路上，他从来都是开拓创新，积极进取，利用一切可以利用的时间去学习。历史上，从来没有一个总统像杰斐逊这样拼命学习和研究。因此，杰斐逊成为美国政治史上最博学的人士之一，也要感谢他的父亲。

彼得细心地教导他、帮助他，当然杰斐逊也是受益匪浅，在以后的日子，也都将父亲教他的知识用到了。父亲教他如何骑马，如何射击，如何在洪水肆虐之时勇敢地逆流而上。

彼得经常鼓励小男孩挑战大人的活动。在杰斐逊10岁的时候，父亲送给了他一把枪，让他独自前往林里捕猎，这其实是想让儿子学会自立。于是，杰斐逊就毅然地带着父亲送给自己的枪进了森林。但是毕竟10岁还是太小，杰斐逊一点捕猎的经验都没有，他当然是一无所获了，不过后来杰斐逊偶然遇到了一只误闯畜栏的野火鹅，兴高采烈地把它绑在树上，将它射死后满怀胜利地把它带回家。父亲虽然识破了杰斐逊“捕获”猎物靠的不是实力，但是为了鼓励孩子，他还是夸赞和奖励了儿子一番。

彼得曾经阅读斯威夫特和莎士比亚等人的作品，并留下了412本书，这些书虽然数量不多，但都是精选的藏书。彼得还给杰斐逊和他的兄弟姐妹们请了家庭教师，杰斐逊在5岁的时候就被交给了老师。

据说彼得还是个维新党员，在当时的政团里面各方面都十分活跃。他是弗吉尼亚上流社会里的突出人物，是印第安人的朋友，他把自己一直坚守着的民主观念和原则传给了杰斐逊。

同时，彼得还是著名的土地测量者和地图绘制者。彼得曾经和乔舒亚·弗莱伊在山区里做了几次艰苦的测量以后，两人合力绘制了一份弗吉尼亚的地图，当时的弗吉尼亚比现在的地区广阔，并且包括与宾夕法尼亚、新泽西和北卡罗来纳相连的区域。后来，这份地图于 1751 年在伦敦出版，虽过去了很多年，竟然还是十分标准的。

1746 年，彼得·杰斐逊第一次从事对地方的探测，与他同行的有托马斯·路易斯。他们一起探索、测量“费尔法克斯线”，这是英国国王颁赐给费尔法克斯爵士的土地界线。彼得和路易斯在山区里艰难度过了几星期，在极端恶劣的环境下，在危机四伏的地界中，完成了艰巨的测量任务。

由于彼得的测量，他才得以在 1751 年修订了弗吉尼亚殖民地的疆界，而杰斐逊虽然没有像父亲那样去实地测量，但是他手里握着的笔稍微动了一下，便把 100 万平方英里的土地又划入了自己国家的地界，而且他还组织过一支探险队，于 1805 年测量过整个大陆。

而杰斐逊也从父亲那里学到了很实用的测量技巧，后来他从测量家的角度写下了他人生中第一本也是唯一的一本书——《弗吉尼亚纪事》，书中用的地图大部分都是根据父亲的地图绘制的。由此我们可以知道，在杰斐逊的心中，伟大的父亲似乎已经立下了前无古人的丰功伟绩。

彼得严肃且沉默寡言。除了在会议上和一些谈话当中，他能够滔滔不绝外，其他的时候和场所，他对演说这一技能很不在行。彼得曾私下说，他不擅长演讲的原因可能是孩童时期有过极度的恐惧和紧张的经历，一旦在公开场合张口说话，他的声音就会变得沙哑，让人听不懂。后来我们才知道，杰斐逊竟然也是如此，这个人民拥护的总统先生，除了曾经的就职演说之外，几乎从没公开演讲过，而他的那次就职演说，跟他父亲的演说没有太大的差别，真是让人惊讶。

彼得虽然不善于演讲，但是他的朋友圈子挺大的。凭着他交朋友的天赋，彼得最好的朋友是太太的一个亲戚——威廉·伦道夫。这两个人既是最要好的朋友，同时也是竞争的对手。他们两个人都雄心勃勃、志向远大，都极力想要尽快获得一片英王的好土地。彼得看中了一块很肥沃也很广阔的土地，好朋友伦道夫也同样看上了那片土地。当彼得去登记打算要 150 英亩土地的时候，却发现伦道夫已经在两天前登记了 360 英亩的土地，其中还包括彼得最想要得到、希望马上在上面盖房子的 60 英亩土地，这可让彼得愁坏了，他天天唉声叹气。后来伦道夫知道了彼得为此苦不堪言之后，马上把他最要得到的那 60 英亩土地出售给他，让人感动的是，伦道夫标出的价格竟然是最大碗的椰子酒一碗。这也许就是友谊的力量吧！后来，彼得在土地中央盖起了房子。就在 1743 年的 4 月 13 日，彼得的长子——本部书的主人公托马斯·杰斐逊就在这里出世了。

彼得把他家里的农场叫做“夏洛茨维尔”。这个名字，是按照杰斐逊的母亲在伦敦受洗教区的名字而得的。这种做法，当然是对心爱女子怀着浓烈的爱，对她十分钟爱的表现。当然，也许父亲知道母亲远在他乡，对家乡怀念，所以取这个名字，让母亲感觉家乡就在眼前。他还特意在遗嘱中将他们居住的房屋和农场的权力赠予妻子，妻子可享有由它们所产生的权益。

尽管杰斐逊的父亲十分强壮，但是再强也强不过天灾人祸。一场传染病袭来，魁梧雄壮的父亲倒下了，当时只有49岁，真是英年早逝。

杰斐逊在14岁的时候就成了一家之主。在6个兄弟姐妹中其中两个是姐姐，另外还有个弟弟。父亲的去世，意味着所有的重担就突然落到杰斐逊的肩上。可是，令人失望的是，杰斐逊要到21岁才有权继承财产或是奴隶，所以一个十几岁的孩子独自当家，在为人处世方面，难免会发生一些不适当而让他感到羞愧难当的事情。很多人都不理解杰斐逊一个奇怪的举动，就是他对权力的态度有时候很矛盾，在追求到权势并接受了之后，反而又将它毅然抛弃。这是为什么呢？也许，他对权力与责任的不确定性的根源在于他14岁之时突然不得不面对权力的困难问题。我们可以想象，在所有责任都落在他的身上，他却并没有权力做决定的心情是怎样的。而且杰斐逊在父亲去世之后，只能完全听从母亲，而同时他还必须对执行父亲遗产分配的那些人，负起最小的财务责任。而对于那些人，杰斐逊既不把他们当作知心朋友，也不会主动向他们请教问题。在一个如此大而杂的世界里，杰斐逊感觉被抛弃了，周边都是陌生人，没有一个朋友，没有什么像样的监护人指导自己，而自己年纪又这么小，社交经验更是少得可怜，这种如晴天霹雳般的打击已经够自己受的，所以自己的安危，只能自己去照顾。

杰斐逊每每想起 14 岁的经历都会觉得悲痛无比。在如此年少无知的年龄，就必须自己照顾自己、引导自己，周边没有一个合适的亲朋好友能够很好地教导与引导自己；每当回想起自己常与各种各样的狐朋狗友混日子的时候，就不禁一阵冷汗，同时也很庆幸自己没有忘记父亲的教导，没有像他们一样误入歧途，成为社会上无用之人。同时，他也更庆幸能够早早认识一些地位崇高的人士，让他不断地积极进取，希望有一天也能像他们那样。在他遭受引诱和困难之时，他总是扪心自问，斯莫尔博士、威思先生和佩顿·伦道夫，他们在这样的情况下又会怎么办呢？他总是在想，到底走哪条路，他们才会赞同自己呢？他总是拿他们与自己对比，因为他们都是杰斐逊所崇敬的人，用这种方式来决定自己的言行举止，才能避免自己走上错误的道路。

杰斐逊在当时那样的处境中，经常会碰到社会上形形色色的人物，比如一些赛马者、玩牌者、猎狐者、科学界和专业的人士，还有就是比较尊贵的人。很多时候他都面临抉择。他总是在问自己，自己到底是为了一时刺激而猎杀狐狸，为了偶尔运气的胜利而参与赛马，还是在酒店或者国家的会议上，针对一些问题激烈争辩呢？种种的抉择就摆在眼前，自己到底应该选择什么呢？

威廉玛丽学院的物理学教授斯莫尔博士，是对杰斐逊一生影响最大的一位教师；乔治·威思是他的法律教师，也是他一生最好的朋友；佩顿·伦道夫是杰斐逊在独立战争的政治圈中十分要好的伙伴。不过这三个人都只是在杰斐逊 19 岁之后才开始影响他。

总的来说，杰斐逊受父亲的影响最大，因为在他很小的时候，父亲就一直催促他做些对社会有益的事情；父亲也让他相信只要有希望，就去行动；父亲总是站在他的身后，保护他、鼓励他。

1801 年的 3 月，当杰斐逊担任美国总统的消息传出，整个华盛顿都沸腾了，杰斐逊也很激动地给他的老朋友约翰·迪金森写了一封信。在信中，杰斐逊说，在他获得人生中最大的胜利的时候，他第一时间想起的是他的父亲——彼得·杰斐逊。

对母亲的印象

在杰斐逊的一生中，真正给他留下最深刻印象的，不是他的父亲而是他的母亲。杰斐逊在回忆往事的时候，会常提到父亲彼得·杰斐逊，但是，他对母亲提及的并不是很多。

总的算起来，杰斐逊在 27 岁之前，除了有一次因为要学习法律不得已离开家一段时间之外，都是和母亲一起生活的。但是无论在什么时候，杰斐逊都极少提到母亲。即使从他与人保持联系的一千多封信件和其他联系方式的记载当中，都没有特别提到母亲。算起来，杰斐逊只有在他写给舅舅的信里以及他的《自传》里，各提到过一次，但是那些都是一笔带过，没有任何特殊之处。除了这些，杰斐逊在他的账册里还提过母亲四次，仅此而已。这个世上，绝大部分人还是深深爱着并依赖着母亲的，杰斐逊也不例外。那么，为什么杰斐逊对母亲提及甚少呢？只可能有一个解释，就是由于性格和家庭背景的影响，杰斐逊对于谈论或者描述家庭中的女性感到有些羞怯，而这种羞怯会让他尽量对母亲或者家里的其他姐妹避而不谈。其实，杰斐逊的母亲应该说在很多方面都是值得他敬爱的，而母亲也很乐意接受杰斐逊的敬爱与依赖。杰斐逊的母亲来自高尚、儒雅而好客的富豪家庭，家里有一百多名奴隶。母亲和蔼可亲，为人热情诚挚，举止温文尔雅，脾气随和，而且很有幽默感，并且她非常喜欢写信。

杰斐逊与母亲一起生活的时候，奴隶、收入、食物和其他的物品都是属于两人共有的。母亲教会了他列账目，把收入和支出的明细列到本子上，做成账册。这样既能很好地理财，也能一目了然地看到自己的花销和收入。于是，杰斐逊在母亲的监督和教诲下，开始详细记载每笔收支，杰斐逊很敬佩母亲的智慧，一直都坚持记账，他也一直认为这些记载是相当有分量的。每次他做完账目账册的时候，都会想起母亲的教诲，并且潜意识里觉得如果账目毁弃了，会产生很严重的后果。杰斐逊直到 83 岁去世的时候，都一直保存着历年来辛辛苦苦记录的账册。他叮嘱妻子也要做详细的账册，并且也将这些账册保存了下来。

杰斐逊的母亲之前没留下什么笔迹，1770年杰斐逊的家——夏洛茨维尔农场突然发生了火灾，这几乎把杰斐逊家大部分的记载与信件都烧毁了，不过在这场火灾之后六年，母亲就去世了。在这几年之间，杰斐逊大部分时间都住在威廉斯堡和费拉德尔菲亚这两个地方，但是这对母子之间仍有很多的信件来往。

在夏洛茨维尔发生火灾后不久，杰斐逊写信给朋友约翰·佩奇。在这封长信里，杰斐逊根本就没有提到他自己和母亲的损失，只是稍微提到“母亲的房子”被烧毁了，提到最多的反而是被烧毁了很多信件和几本很重要的书。从他的信件中可以看出夏洛茨维尔火灾的发生似乎是一种信号，一种要了却杰斐逊曾经对母亲的依赖之情的信号。在夏洛茨维尔火灾发生的时候，杰斐逊正在蒙特沙罗建造属于自己的房屋。而杰斐逊在与妻子玛莎·威利斯·斯凯尔顿结婚的时候，也是在蒙特沙罗自己建造的房屋里——当时还只是一片荒芜的山顶上的小屋。

在1776年3月31日，也就是距离夏洛茨维尔火灾之后的六年，杰斐逊只是在他的小账册里用很简单的话写着：“母亲今早大约八点钟的时候过世了，享年57岁。”在这之后的两个月，杰斐逊把噩耗写信告诉远在英格兰的舅舅。杰斐逊的这封信，刚开始是向舅舅倾诉这几年自己的事业总是遇到挫折，这两年英国与美洲的殖民地之间产生了微妙变化，双方慢慢走向对立，而这让自己很是烦闷。只是在信的末尾，杰斐逊才突然提到母亲因为患了中风而去世的消息，就简短几句话，又是一带而过。而信中唯一能够说明杰斐逊还是很在意母亲的去世并且受很大打击的是，他不经意地说出，在3月底的时候自己突然病倒了。这无非是母亲去世让他悲痛无比,而且他还为此患上了十分缠人的头疼病。在以后的日子中，杰斐逊的头疼病发作过好几次。每次在杰斐逊遭遇人生的剧变之时，他的头疼病就会发作，遭受的挫折以及病痛让他不断悔恨和矛盾，悲愤之情总会不断涌出，而导致病情恶化。

那么，怎么样才能了解杰斐逊的母亲对他的影响呢？我们不妨看看在杰斐逊的《自传》里面,他对母亲是如何记载的。在《自传》里关于母亲的记载，却感觉到杰斐逊对母亲有反面讽刺的意思。杰斐逊在《自传》中说:“简・伦道夫・杰斐逊是艾沙姆・伦道夫的女儿。艾沙姆有兄弟七人，这一家子定居在顾屈兰的丹金尼斯，他们追溯自己的血统，来自遥远的英格兰与苏格兰，对于这一点，你爱怎么相信就怎么相信吧！”

这是为什么呢？突然对母亲的家族甚至母亲都有着十分暧昧并且带有稍微轻视态度。而且他一个朋友的资料中也写了杰斐逊对母亲的评价——“他认为她在他生命中的分量是个零”。这话当然说得有些过了，因为没有哪一个母亲在儿子生命中的分量会是零。那么这是为什么呢？这很可能是杰斐逊觉得母亲在他生命中的影响实在是太大了，大得令他窒息，他对这种影响由原来的依赖和敬爱转成了抵触，所以，他想抹去他对母亲的意见和感情的痕迹，也想尽力逃避母亲对他的影响。

那么，我们不得不说，杰斐逊提到家谱的那一段可能是个重要的线索。杰斐逊的父亲彼得·杰斐逊是威尔士人的后代，在“新大陆”已经是第三代的移民。数百年以来，威尔士人一直对英国怀着仇恨和不满。如果杰斐逊的父亲没有过早去世的话，他很可能会出现在独立战争的战场上。然而他的妻子，也就是杰斐逊的母亲，却出生在英国，在“旧世界”里的家族中深受影响。杰斐逊的外祖父——艾沙姆·伦道夫是个船长，曾在弗吉尼亚殖民地的威廉玛丽学院受过教育。那时候，艾沙姆是从事奴隶买卖行业的，并在这个行业中做得很出色。根据弗吉尼亚的标准，他算是十分富裕的。他的房屋众多，而且宽敞明亮，他还有一百名奴隶服侍自己。杰斐逊家中有人曾说，杰斐逊的母亲嫁给父亲，只能住进夏洛茨维尔这种潮湿而原始的森林中的一片小土地的时候，总感到自己的地位下降了很多。

对于祖先和血统这种问题,杰斐逊向来很是轻视和鄙夷。所以,他在《自传》中提到母亲的祖先时所显示出来的轻蔑，正暗示着这样的一种矛盾。

由于对家族和血统的问题而牵连了母亲，杰斐逊也正是在这种矛盾中看待母亲的，敬爱、依赖，而又不断轻视和逃避关于家族和血统的承载者。

有趣的是，杰斐逊在快要结婚的时候，为了获得未来妻子一个好的评价，就写信给他在英国的代理人——汤姆斯·亚当斯，求他帮忙。他用有些讽刺和轻蔑的言辞，请亚当斯为他在伦敦找一找是否有他家曾经有过的贵族的纹徽。杰斐逊说："家人曾告诉过我，我家的纹徽是什么样子的，但是怎么来的我却不知道。很可能我家根本就没有什么纹徽。假使这样，我倒想借助于你，做一次买卖，因为根据史特恩的说法，那有着贵族纹徽的罩袍和其他任何的罩袍一样便宜呢！"

杰斐逊在他一生当中，每当遇到一些碰巧有着高贵的出身就自命不凡而且咄咄逼人的社会人士，都会毫不留情地对这些人进行猛烈的攻击。

虽然，我们对于杰斐逊与母亲的关系了解得不多，可是从一些很明显的事实当中我们了解了杰斐逊对女人的看法是怎样的。杰斐逊喜欢文雅而又循规蹈矩的女人。杰斐逊的女儿玛莎结婚的时候，他写信给女儿。从这封信的内容，我们就能看出，杰斐逊是怎么看待女人的："你一生的幸福，现在就全看你是否能够不断地获取一个人的欢心而定了，为了这个，所有其他的事情都必须退居次要的地位，就连你对我的爱也不例外……"

由上述内容我们能看出，杰斐逊只在能真正埋藏住自己的情感，而对任何事情都保持理智的时候，才会简单地提起自己的母亲，可见，杰斐逊与母亲大部分时候都是对立着的。但是杰斐逊却和他的母亲一起住到他 27 岁，既然是对立的两人，那么在如此长的时间里，杰斐逊可能是备受煎熬的，也是痛恨这种生活的，并且他只是一味听从和同意母亲的意见，这种生活当然是单调而乏味的。杰斐逊说，如果人生能够重新再活一次，他再也不愿意回到25岁以前的那种生活了。那么，既然已经对立和产生不满，为什么还能够和母亲一起生活那么久呢？这只能说明一个问题，那就是，杰斐逊一定是在骨子里面深爱着母亲，只是自己不愿意承认罢了。

在吐卡霍的日子

很多人一定会说，杰斐逊在有着6个兄弟姐妹的家庭中，受到父亲的器重和鼓励，在家中必然是十分受宠的，是最有希望的继承人，受尽家人和朋友，还有许多奴隶特别的优待，这样才合乎他当时的地位，这样他以后才能够有能力当上总统。

但是，事实并非如此。杰斐逊的童年并不像许多人想象的那么简单。杰斐逊自己所记得的第一件事，就是在一个河边，有一队奴隶，一个骑马的奴隶抱着他，然后这一队人便起身走向河的下游，走向了吐卡霍。

前面我们也说过，威廉·伦道夫曾经给了杰斐逊的父亲一片土地，让他建造夏洛茨维尔那个家，后来威廉·伦道夫一直都是杰斐逊家的朋友。威廉·伦道夫的妻子在1742年之前就已经去世了，留下了两个女儿和一个儿子。由于威廉·伦道夫自己总是疾病缠身，就邀请杰斐逊的父亲和其他人一起协助管理他的产业，并请求杰斐逊的父亲，如果他什么时候去世，请他全家搬迁到威廉·伦道夫的家里来，请杰斐逊的父亲将两家的子女合在一起抚养，杰斐逊的父亲很爽快地答应了。不久，威廉·伦道夫就病逝了。于是，杰斐逊的父亲按照之前与威廉·伦道夫的约定，于1745年，全家日夜兼程地走了大约80英里，搬到了吐卡霍。杰斐逊说自己所记得的第一次骑马过河去往吐卡霍，就是指的这件事。

这次搬家，杰斐逊除了感到疲惫与苦恼，还有其他的事情让杰斐逊印象深刻。

来到了吐卡霍，杰斐逊住进了十分陌生的房子，那里还有一个9岁和一个7岁的女孩子，还有一个名叫托马斯的4岁男孩。这几个孩子已经有自我意识了，知道为了保护自己而去欺负弱小。搬到吐卡霍之后，杰斐逊突然由家中的长子变成了最幼小的，这样的情况一直持续了7年。杰斐逊在回忆威廉·伦道夫家的托马斯时说，自从五六岁以来，他们便像兄弟一样亲密，也像兄弟一样团结。但事实是，在二人长大成人之后他们便相互敌视与攻击，并且曾经因为财产的问题发生过争议。在吐卡霍，杰斐逊虽受尽威廉·伦道夫家的男孩托马斯的欺负，却也经常得到姐姐玛丽的保护与鼓舞。不过在众多的姐妹里，杰斐逊最喜欢的是简，二人的姐弟情谊十分深厚。

搬到吐卡霍一年之后，杰斐逊的母亲又给自己添了一个小妹妹玛莎。不过，杰斐逊在吐卡霍发现，在那里，很多东西的所有权界限分明，威廉·伦道夫家的房屋远远比他在夏洛茨维尔的家大得多，也宽敞得多，而且威廉·伦道夫的家可以让两家的孩子晚上分开就寝，但是，这却是清清楚楚的属于威廉·伦道夫家的，而这一点，威廉·伦道夫家的孩子也已经明明白白地向“入侵”的杰斐逊家声明过了。所以，在以后杰斐逊所有的信件里面，每当他回忆起在吐卡霍的日子，都表现出寄人篱下的痛苦，以及时时刻刻想念着马上回到自己家的情感。

在吐卡霍这个地方，有一百多个奴隶，杰斐逊是白人家庭里的一分子，这个家就由他父母去掌控。而同时，杰斐逊也是一个更大的黑人家庭中的一分子，而那个家庭就由为数不多的白人管治着。直到杰斐逊 9 岁的时候,他所在的地方，黑人与白人的比例最少也都是十比一。杰斐逊当然也会和那些男男女女的黑人小孩在一起玩。吐卡霍这个地方是靠着十分严谨的规则维持着的，其中难免会发生白人歧视黑人的事情。

在杰斐逊 5 岁的时候，附近奥兰治郡的一个农场，有个叫夏娃的女奴隶被人指控说她谋害了自己的生母，然后被绑在柱子上活活烧死了。但这并不是私刑，只是警长执行当地法庭的命令而已。

在吐卡霍的孩子们完全不用经过特别的教导，他们自己就能感觉到，黑人与白人之间有着十分微妙的阶级权力的差异。所以，杰斐逊很早就明白了，不管是大人还是小孩，白人总是统治着黑人的。而且，杰斐逊同时还发现了一个关于白人小孩与黑人小孩之间的差异，那就是只有白人小孩才能去学校学习。

杰斐逊 5 岁的时候，父亲就让他到院子的小屋里，和比他大的孩子们一起读书学习，那是一个家庭教师开的一所英文学校。最初,杰斐逊很不喜欢这样的所谓的学校。有一天，杰斐逊悄悄从学校溜了出来，藏在一间房的后边，祈祷学校能够早点倒闭。

不知道杰斐逊是从什么时候开始就感觉到黑人小孩不能和白人小孩一起上学是不公平的。在杰斐逊长大之后，他在《弗吉尼亚纪事》里提出了一套让很多社会上层人士都觉得又惊异又愤怒的看法。他说，为什么黑人就没有接受教育的权利呢？其实所有黑人青年都应接受很多方面的教育和辅助。他呼吁，黑人男子在 21 岁，女子在 18 岁之前，都应该接受教育，而教育的费用应该由公家负担。

虽然对黑人的不公平待遇感到很愤怒，但是杰斐逊在为种族之间的不平鸣冤的时候，却又感觉黑人与白人不能够共同相处，应该将他们隔离。这么看来，杰斐逊对黑人的态度是很矛盾的。

我们举个例子来说，杰斐逊既建议黑人接受教育，同时又建议黑人殖民。杰斐逊说：“当黑奴接受过教育，得到真正意义上的解放之后，应该视当时的情况，把他们派往适合他们的地方，让他们接受更深一层的实践教育，让这些人能够成为真正的独立自主的人。其中，我们应该全力去支持和鼓励他们，让他们能够强大到有能力保护自己。”

当然，杰斐逊在创作《弗吉尼亚纪事》的时候，对于自己提的这种用国家的钱资助、鼓励和殖民黑人的建议，并不是凭空想象的。杰斐逊考虑到，在进行独立革命的时候，有很多的奴隶逃到了英国，并希望自己能够真正获得自由。同时，在英国的土地上，还有从美洲撤出的两万名奴隶。但是不管怎么样，杰斐逊的这种建议，即使在他当时的年代，也让人觉得是天方夜谭。由于从小，尤其是在吐卡霍的日子，看到过太多黑人被歧视的现象，杰斐逊也承认，不管是曾经保护过他的成年奴隶，还是曾经与他玩耍的黑人小孩，他们所承受的，都是不平等与残酷虐待的痛苦。

杰斐逊的父亲给家里的每个孩子都留了一个服侍自己的奴隶，因此，杰斐逊在 14 岁的时候就有了一个专门服侍他的男仆。直到杰斐逊去世，他都只有这一个私人奴仆。即使是这样，杰斐逊对这些奴仆的情感和依赖仍是不可替代的。杰斐逊与他们之间永远存在着一种类似亲人般的羁绊。

离家之后

终于，等到了一个天大的好消息。就在杰斐逊 9 岁的时候，父亲决定返回夏洛茨维尔。正是经历了这种所有权不明朗的 7 年，父亲也意识到了这是个大问题，而且威廉 · 伦道夫家的孩子也已经在逐渐长大。

等到父亲回到夏洛茨维尔之后，他立刻又建造了一栋新屋及马厩、磨坊、烟叶库房与仆人房。杰斐逊并没有跟着家人一起回去。杰斐逊要上学了。父亲觉得杰斐逊应该接受更多的古典教育，所以送他到离吐卡霍几英里地之外的多佛教堂去。那边有个叫做威廉 · 道格拉斯的牧师，他可以教杰斐逊学习拉丁文、希腊文和法文。就这样，杰斐逊全家又进行了一次大迁徙。然而，就在杰斐逊正为能够回到夏洛茨维尔而欢呼的时候，却又听到了让他真真正正离开家人的消息。

杰斐逊离家大约有 50 英里，他既不与威廉 · 伦道夫家的人住在一起，也不与自己的家人生活在一块。就这样前后共 5 年，每年有八九个月，他都寄宿在道格拉斯牧师的家中，只有到了暑假才能回家，直到 1757 年他的父亲去世，他才返回夏洛茨维尔。

从杰斐逊的公开面对最卑劣的政敌时所表现出的很出色的自控能力，和他在临去世之前都在勤奋学习的那种惊人的毅力，就不难看出，在儿童时期，杰斐逊的父母应该是用相同的方式来教育他的。

不过，杰斐逊也为此付出了代价。

我们可以想象，当一个孩子了解到，爱是有条件的，必须言行举止都很优雅，无论如何都不能发脾气，而且要避开懒惰如同避开危崖，他会怎么办呢？

曾经受到这样诱导过的孩子，很可能对那份从来没有完全得到的爱，产生无穷无尽的渴望，同时还会误把尊敬当作爱。杰斐逊就是这样。历史上，很少有总统像他那样因为在政治圈里受到了指责，在生活中遭到别人算计，就时常感到郁郁寡欢。他更不会公开辩解这些，只是在受到各界的批判与攻击的时候，倍感痛苦与煎熬。可见，他对爱是多么的渴望与希望啊！杰斐逊一生所遇到过的男男女女都感受到了他的这种渴望。因为杰斐逊在爱的给予上很仁厚、灵巧、宽大，而他自己也确实需要爱，因此他们也以爱他作为回报。

杰斐逊在多佛教堂求学的 5 年之中，他母亲又生了 3 个孩子，其中 2 个是双胞胎，双胞胎里的伦道夫，是唯一没有夭折的弟弟。威廉·伦道夫家现在虽然不跟杰斐逊家住在一起了，但是杰斐逊的父亲仍旧是他们的监护人，所以杰斐逊的父亲现在要照顾 11 个孩子。这么多人，憎恨、紧张、帮扶、亲情与友爱，应当是全都经历过的，尤其是在夏洛茨维尔、吐卡霍和多佛教堂辗转的杰斐逊，经历了这些岁月和家庭的变动，他逐渐养成了一种念家的情感。

杰斐逊跟他的父亲一样，都喜欢照顾孤儿。杰斐逊的妹妹玛莎在丈夫过世之后，有好几年经济困难，于是杰斐逊就让妹妹住到蒙特沙罗的自己家里。甚至有一段时间，杰斐逊还抚养她的 6 个孩子。杰斐逊的女儿结婚之后，他写给她们的信中，总是一再地邀请她们回到蒙特沙罗与他一起生活，后来，他的大女儿玛莎终于被杰斐逊说动了，决定搬回老家和父亲一起生活。

杰斐逊还有一个念家的表现，就是他很鼓励自己的女儿和“家族内的人”通婚，这样亲上加亲，而且联系起来更加方便。杰斐逊的大女儿玛莎就嫁给了远亲，除此之外，杰斐逊家中还有很多家人都与远亲再亲上加亲。当然，以我们现在的眼光，对这些很难理解，可是当时的人却觉得一点也不足为奇。杰斐逊同时也鼓励他的奴隶们，在自己的大家族里相互嫁娶，而且杰斐逊愿意以任何形式去帮助他们。

在杰斐逊的后半生，他总是希望自己能够在有生之年回到蒙特沙罗的老家。他的这种对家的眷恋之情十分明显，他总是幻想，当他还是孩子的时候，夏洛茨维尔意味着课程的结束、回家休假，和亲朋好友欢聚、打猎、钓鱼等。而杰斐逊长大之后，蒙特沙罗又成为他可以摒弃杂念和远离政治争议的地方。杰斐逊在担任总统的时候，曾经给女儿写了很多信，并表达了回家的愿望。

自打离开家之后，杰斐逊总是不断地重复着怀念家乡，他对家乡十分热爱，更对家乡的感情十分深厚。后来，杰斐逊在距离夏洛茨维尔几英里以外的地方，营造自己的新家，更是一种用来怀念家乡的方式。在杰斐逊年迈之际，当他提到弗吉尼亚，仍然把它叫做自己的“国家”。

在离家 5 年之后，后来的弗吉尼亚虽然还是殖民地，而且依旧盛行长子继承的传统，杰斐逊却没有继承父亲全部的财产。因为杰斐逊的父亲根本不在意这样的传统，杰斐逊以后也带领人们将这制度完全废止。

杰斐逊父亲的遗嘱规定，杰斐逊继承夏洛茨维尔农场和家中六分之一的财物及奴隶。在杰斐逊的父亲去世的时候，奴隶大概有 90 名。6 个女儿每人可得 6 个奴隶和 200 英镑，到她们出嫁时或 21 岁时付给她们。余下的土地由杰斐逊与弟弟平分，要到 21 岁时才可获得。这份遗嘱同时又规定，如果杰斐逊的母亲去世，则由杰斐逊继承夏洛茨维尔。夏洛茨维尔大概有 375 英亩土地。不过,杰斐逊父亲的遗嘱也说，杰斐逊要负责教育年幼的弟妹，并把姐姐与妹妹们应该得到的遗产都分给她们。但是，杰斐逊的一切财物和其他权力，都得由杰斐逊的监护人执行。

就在杰斐逊的父亲去世之后的两年，他到弗列得利克斯维去上学，还好这里离夏洛茨维尔十分近，杰斐逊周末就可以回家。这样，每个星期，杰斐逊就有两天时间可以在家中度过。家中 6 个姐妹，1 个弟弟，年龄最大的 17 岁，最小的 2 岁。而每个星期的前 5 天，杰斐逊要和一个顽固的英国牧师一起度过。在《自传》里，对于这位老师，杰斐逊没有写什么，只说他是个“称职的古典学者”，相比他对威廉玛丽学院的教师们的赞扬，显然杰斐逊不是很欣赏这位教师。这位教师在弗吉尼亚算是个特殊的教士,他的文章写得很好，并且善于记录一些东西，而且他自认为是法国皇室的后代。他积极地维护英国国教牧师的权益，认为他们是国家政治系统中最不可或缺的一部分。

当时杰斐逊与这个牧师一起住的时候，他已经十四五岁了，正是处在青春反叛期。他把心胸狭窄、言论偏颇的牧师莫里和主张自由独立的父亲相比较之后，心中对英国的国教产生了极度的鄙夷，而这也对以后的美国造成了极为深远的影响。跟杰斐逊同一个时代的那些政治家，没有一个人像杰斐逊如此对英国国教恨之入骨的，不论如何，杰斐逊的这种恨意貌似没有办法消除，好像天生就该痛恨它一样。

还有其他地方也都说明了，虽然是处于叛逆期，但是杰斐逊的想法很前卫，这与顽固派莫里的价值观和世界观完全格格不入。牧师莫里瞧不起印第安人，认为他们是野蛮人；可是杰斐逊跟他的父亲一样十分喜欢印第安人，觉得他们是很值得研究的对象，而且认为他们的战士值得尊敬。莫里对杰斐逊所说的平民思想表示完全怀疑，他说："如果你信任平庸的凡人，认为这血肉之躯就有力量，那么你的心灵早已经远离了上帝，这些人都该死。"但是，杰斐逊却说："如果每个国人都沉着稳重，有条不紊，这其实是我们能够得以安全的基石。"

在后来的独立革命中，摧毁英国国教教会的势力很自然地成了杰斐逊主要的目标之一。后来在1780年，杰斐逊出任弗吉尼亚州长和威廉玛丽学院的校董时，首先采取的行动就是把那些英国的国教教士全部赶出校门，把学校交给那些科学、数学与现代语言的教授掌控。有趣的是，直到杰斐逊去世，也不相信那些牧师的话，认为这些人只会分派别、挑起内部战争，而且还总想禁锢人们的思想。

当然，对于这位英国国教牧师对杰斐逊青少年时期的影响，绝不仅仅只是反面的。杰斐逊通过莫里的教导，不但学习了正确的希腊文和拉丁文，而且还培养了对语言的爱好。从此之后，杰斐逊不但可以借助这些语言技巧和人沟通思想，而且还能够沉浸在历史与神话的海洋之中。比如，杰斐逊经过莫里的教导，精通了希腊文，这样他完全不必受限于波普的译文，而能够尽情地享受荷马的原文带给他的最直观的感觉。

在杰斐逊 14 岁和 15 岁这两年中，杰斐逊跟着老师莫里研习希腊文和拉丁文。当然，作为顽固派，老师莫里的训练是十分严格的，丝毫不给他通融的机会。杰斐逊为此非常苦恼，他认为，想要躲开这位顽固派只有两条路，第一条是回到那个自己朝思暮想的夏洛茨维尔，第二条就只有钻到虚幻的世界里去探究、沉醉，然后忘记现实。于是，杰斐逊就在这两条路上不断徘徊。

其实，杰斐逊心里清楚，他固然喜欢夏洛茨维尔那种乡间气息浓郁、景色古朴但是清新的感觉，可是如果让自己在那里待得时间长了，他绝对会感到烦躁，开始觉得没有乐趣，甚至会感到人生已经到了尽头。当然，他也想一头扎进那个他认为“很狂热”的政治生活中去。但是，如果沉迷在政治圈中久了，他一定也会开始想念以前的田园生活，想念那种乡间的气息，更怀念没有烦闷的闲情逸致。其实，在杰斐逊离开家之后，他就一直在这两种不同生活道路上徘徊，顾此失彼，两者不能兼得，直到后来杰斐逊当了 8 年的总统之后，告老还乡回到蒙特沙罗，这种矛盾心理才算停止，而那时杰斐逊已经 65 岁了。

威廉玛丽学院修行

杰斐逊分外珍惜他的友谊，就像他的四个好友也都分外珍惜和他的友谊一样。杰斐逊的牧师老师莫里除了杰斐逊外，还有其他四个学生，他们的年龄从 14 岁到 16 岁不等，其中一个是莫里自己的儿子。而这几个孩子都成了杰斐逊的密友。杰斐逊直到去世之前，都与这四个人当中的两个一直保持紧密的联系。保持紧密联系的这两人其中之一是詹姆斯・麦迪逊，他后来成了威廉玛丽学院的校长，还有一个是小詹姆斯・莫里，他后来离开弗吉尼亚前往英国经商。

大多数家庭在弗吉尼亚的农场都是相互孤立的，彼此之间相隔着大片稠密的森林和十分难行的道路。不过，夏洛茨维尔却是例外，它靠近一条公路与过往路人落脚的旅舍。

杰斐逊在少年的时候，常见到各种各样的人来来往往，舞蹈大师亚历山大・殷格斯就曾教导他和他的四个姐妹跳舞；也有人教过杰斐逊拉小提琴和大提琴，并教他的姐妹们弹奏竖琴。后来，一位意大利音乐家搬进了这个地区，杰斐逊便开始定期地跟他学习小提琴。在后来的日子里，杰斐逊至少有 12 年的时间，每天要拉三小时以上的小提琴。从此之后，音乐在杰斐逊的生活中就成为经常给他带来快乐的源泉之一。

在 1759 年的圣诞节前后，杰斐逊突然做出了一个重要的决定。他在新年那天跟家里商议之后，决定前往威廉玛丽学院就读。杰斐逊认为去上大学对自己会有好处。首先，他觉得如果总是待在乡村，会有四分之一的时间被浪费掉；其次，因为朋友经常来这里玩，如果自己去上学，家里就不会再有这许多朋友来，这样就可以减少家中的开销。更重要的一方面是，他觉得如果去上大学，就会认识一些博学的朋友，以后对自己可能会有所帮助。

当然，或许真正抱怨“许多朋友”和“家中开销”的是杰斐逊的母亲。在那次的圣诞新年假期里，各式各样的聚会、宴会，足足搞了有两星期，杰斐逊的姐姐玛丽又要在 1 月 24 日出嫁。不过，即使杰斐逊真的是为这众多的聚会和宴会所困扰，因此要去上学，但是明显可以感觉到，父母对工作与责任的教诲已经深深刻在杰斐逊的心中，让他感觉只是如此的嬉笑和混日子是一种罪过。

1760 年 3 月 25 日，杰斐逊正式注册，进入威廉斯堡的威廉玛丽学院就读，他立刻就被那里的青年人吸引。在这里，很多同学都很喜爱和这位个子高挑、头发赤黄、性情沉着、和蔼可亲，而微微害羞，显得容易受到伤害的青年做朋友，就是老师们对杰斐逊也是十分喜爱。

威廉·斯莫尔是数学和物理学教授，是校内七位教授之一，他是苏格兰人，具有慧眼识英雄的本事。后来，他与学校当局发生争执，便返回英国修习医术。杰斐逊在威廉玛丽学院的第一年，斯莫尔教授教他修辞学、纯文学、伦理学、数学和物理学，斯莫尔教授几乎立即就发现了杰斐逊这个学生对于求知的狂热与诚挚，而这种吸引力绝对不是来源于单方面的。杰斐逊也说过："能让威廉·斯莫尔博士指导我，是我这一生最大的幸运。斯莫尔教授在许多学科里都有着高深的素养，最难能可贵的是他平易近人，能够愉悦地与人交谈，而且他还有着谦谦的君子风度与广阔的胸襟。最使我高兴的是，教授他很快就发现了我，而且对我也是很喜爱。在斯莫尔教授不去学校上课的时间，我就每天过去陪着他。从和他的谈话中，我能看到科学广袤的地域，还有我们置身的这个世上有着各式各样的体系和秩序。"

斯莫尔对杰斐逊来说，就像父亲。而更令杰斐逊激动的是，斯莫尔教授对他最好的地方，就是把两个好朋友介绍给他。一个叫做乔治·威思，他后来成为杰斐逊的法学老师。而另一个是弗朗西斯·福基尔，他是英国派驻弗吉尼亚殖民地的总督，杰斐逊觉得他是担任那个职位的人里面，最干练的一个。从此，这四个人之间产生了十分深厚的友谊。

杰斐逊说，他能从与他们的谈话中获益很多。福基尔当时已经将近60岁了，是来自英国何福郡的乡绅，而且是皇家学会会员，他很喜欢音乐，并对科学研究充满了好奇。在一次他的音乐会上，福基尔觉得应该找一位才气横溢的提琴手，在他每周的音乐会里演奏。不久，他就发现了杰斐逊，并且后来也了解到他在其他许多方面也很出色。杰斐逊和斯莫尔、威思三个人，经常到福基尔这边来聚餐。与这些人谈话，杰斐逊能听到许多高明的见解和充满理性与哲学意味的话，这让他一生都受益。

1764年，斯莫尔回到了英格兰，此后杰斐逊再也没见到过他。不过独立战争爆发后，杰斐逊认为有必要解释自己的立场，就在1775年5月7日，写了一封信给他。信上说，他对莱克星顿之战表示十分悲痛，这是波士顿的同胞对抗英王军队的一场战役，复仇的情绪已经填满了各阶层人士的脑子。但是，为了证明政治上的冲突，绝不会影响到他们之间珍贵的友谊，杰斐逊寄了六打瓶装的马德拉酒。杰斐逊用这种方式表达对老师的感激。以后的日子，杰斐逊也都是极力保持着与朋友之间的友谊。

1768年，福基尔在一场大病之后去世了，独立革命并没有伤到他和杰斐逊之间的情感。杰斐逊在大学里的三个不同寻常的良师益友，现在就只剩下威思一人了。而从各种角度来看，威思都是最重要的一个。杰斐逊说威思是他年轻时忠实而所敬爱的良师,也是他这一生当中感情最深厚的朋友。他称威思为“第二个父亲”“我的恩师”“我最早也是最要好的朋友”。

威思是个优秀的希腊文和拉丁文学者，在他 35 岁的时候，接收了年仅 19 岁的杰斐逊做他的法学学生。当时，他是弗吉尼亚最受敬重的律师之一。很多人都觉得十分惊异，杰斐逊竟然跟着威思学了五年的法学知识（从 1762 年至 1767 年），而那时，人们研习法律都不超过两年。杰斐逊在威思门下受教的日子，十分勤奋地阅读各种书籍，除了法律文书之外，还包括很多古代的典籍、英国文学，还有一般的政治哲学。

在刚开始的时候，杰斐逊很不喜欢学习法律，不过后来在威思的教导下，杰斐逊决定将法律这一学科吃透，并在法律界小有名声。后来，杰斐逊在开业当了律师七年以后，毅然决然地弃法从政。只是，他读书的习惯已经成为生命中不可或缺的了。在杰斐逊生命中，读书就跟音乐和园艺一样，都是他所需要的特别养分，没有了它们，他觉得自己会枯萎。

威思喜好收藏书籍，在他的影响之下，杰斐逊也开始收集，他们两人作友谊性的竞争，不久便收藏了大量的书籍。但是两人都不是藏书狂，他们不光藏书，还读书。他们几乎阅读完了他们所购买的书。杰斐逊对知识有着强烈的渴望，他贪婪地读着，夜以继日，废寝忘食。杰斐逊在自己名句选集的本子里面，记下了许多的名言，并且随意地加上一些表示自己见解的评语。

自从夏洛茨维尔的藏书因火灾被焚毁之后，三年之内，杰斐逊又收藏了大约 1250 本书。这并不代表他会停止收藏书籍,杰斐逊开始疯狂地继续收集,后来达到了 6500 本之多。

直到 1806 年，杰斐逊才知道威思在遗嘱里，把他的那些上好的藏书都遗赠给他。听到这些后，杰斐逊心中净是感激与悲哀之情。他感激威思，因为他是他的良师益友；他为威思感到悲哀，因为威思是被一个怀恨在心的侄孙下毒害死的，原因是怨恨威思在遗嘱中减少了一部分给他的遗产，却转赠给据说是他儿子的黑白混血兄弟。因此，杰斐逊的“第二个父亲”也跟他第一个父亲一样,将他的书本遗赠给了他。

斯莫尔和威思这两个良师益友，在杰斐逊的心中点燃了他对书本的热衷与求知欲望的火焰，而杰斐逊也希望在朋友、家人的心中点燃相同的火。当年轻的罗勃·史基维斯在 1771 年，请杰斐逊帮忙为他开列一张书单，推荐一些有用的书给他时，杰斐逊花了好几小时，列出了一套值得收藏的书，我们因此知道了当时只有 28 岁的他，认为重要的有哪些书，可见他平时涉猎甚广，知识已经相当渊博了！

杰斐逊在年少的时候，有这样的爱好和兴趣，实在是让人佩服。从这些爱好和兴趣中明显可以看出，他其实就是想把自己涉猎的这些知识都变为自己的财富。杰斐逊想要对事事都精通，所以他严于律己，不断涉猎知识，已经达到了疯狂的地步。

当杰斐逊的一个青年朋友本杰明·摩尔开业当律师的时

候，邀请杰斐逊开列一张适合他的书单时，杰斐逊就回了一封信。信中所写的应该就能反映出他过去是怎么读书的。杰斐逊总是天刚亮就起床读书，8 点之前看完物理、伦理学、宗教、自然与宗派，以及自然法等学科的书；8 点至 12 点之间，他建议去研读法律；12 点至 1 点阅读政治学科的书；下午，应该看历史；天黑到就寝之前，要读纯文学、批评学、修辞学，以及演讲学等学科的书。

杰斐逊在年轻的时候，自己就拟订了一套方法，这也许是他一生的全部计划，不论事情多么紧急，享乐多么舒服，都不能引诱他放弃这套计划。他的许多成就，都要归之于他的循序渐进与孜孜不倦。

杰斐逊在 19 岁到 24 岁之间，当他认识的社会上大部分的朋友都在打猎、赌博，或者在商业上寻找契机，或者早早地走进婚姻殿堂，或者在别的地方鬼混的时候，杰斐逊却只顾埋扎在书籍当中，杰斐逊看的这些书都是他的朋友们认为很困难而没坚持读下去的书。

后来，杰斐逊一再延长他从事律师这个职业的时间，很多人都不明白为什么。究其原因，可能是杰斐逊真的很不愿意接受他已长大的这个事实。杰斐逊还是喜欢在威思身旁充当学生与“儿子”的角色，所以他不肯舍弃律师这个行业。但成长过程的延长，却使杰斐逊意识到了自我内在价值的体现，这也是一种自然而然的自我认知与了解。

他到底是为了什么而准备？他到底是在准备什么？也

许，他应该是清楚的。而且人们也都相信，他对于将来成就的丰功伟业，一定是经过深思熟虑的。然而不管怎么样，杰斐逊还是凭着自己的良知和诚挚不断奋斗着、打拼着。

威廉斯堡的三个特殊人物，斯莫尔、福基尔和威思在杰斐逊只有 19 岁的时候，就特别欣赏他，将他当作他们当中的一员。杰斐逊在他们的耳濡目染下，日后所做的一些深思熟虑，一定不同程度地受过他们的影响和鼓励。

感情的波折

情窦初开

在感情方面，杰斐逊是怎样的呢？

由于杰斐逊在青年时期不断钻研进取，他延迟了进入法律界的时间，更延迟了自己结婚的时间。在 20 岁之前，杰斐逊与男人之间的友谊让他受益匪浅，这友谊更像是催化剂，加速了他的学习，也时刻激励他立志成为著名的政治哲学家、科学家和律师。但是，杰斐逊与女人之间的情谊却遭遇了重重的困难与挫折。

杰斐逊曾经写过七封没有顾虑、特别坦诚的信给他的朋友约翰·佩奇，还有两封虽然没有那么直白，但让人一看就能看出那是写给威廉·弗莱明的信。这些信描述了杰斐逊对一个叫丽贝卡·伯韦尔的女子产生的一段痛苦不堪的感情。

杰斐逊担心自己的信件会让很多人看到，并且害怕别人看懂他所写的话，于是他就用拉丁文写下他对暗恋女孩的倾慕之情，但是杰斐逊又对这个表达方式很不满意。他觉得他必须想出一种方法来彼此倾诉，一种外人完全不懂，只有他们自己才懂的方法。于是，杰斐逊就用尽各种方式去掩饰丽贝卡的名字，给她取了一些代用的名字，比如爱妮丽、贝加等，或者是颠倒丽贝卡名字的字母。

1762年，杰斐逊初遇丽贝卡。那一年，杰斐逊19岁，丽贝卡16岁。丽贝卡和哥哥两个人都是孤儿，他们被远在纽约的叔叔收养。

丽贝卡十分崇拜上帝，在她16岁的时候，就已经长得十分惹人着迷了。她曾经给过杰斐逊一张自己侧像的剪影。当雨水从漏了的屋顶滴下，滴到杰斐逊的手表上时，他突然觉得有些窒息和眩晕,因为丽贝卡的剪影就贴在他手表背后。于是，杰斐逊费尽九牛二虎之力想保住那湿透了的剪影，他告诉朋友说："都怪我太笨，竟然把它弄出了一个大洞，恐怕永远都不能复原了。"虽然，那宝贵的剪影被完全撕坏再也无法修复，但是丽贝卡那美丽的形象却时时刻刻都印在杰斐逊的心坎上，他会常常思念她，而且辗转难眠。

但是杰斐逊貌似已经预料到了，这段罗曼史是注定要失败的，他说："我是留在这边，什么也不做。或是到那边去，但还是什么也不做？……感情叫我去接受我的判决，再不要老是吊在半空中；可是理智又说，你若去了，却又失败的话，你就要比以往还要痛苦十倍。"杰斐逊似乎觉得不管走哪条路，都是注定会失败。

当时，杰斐逊正在建造一艘船，船名叫丽贝卡，于是他极力劝说朋友陪他一起驾船前往英国。杰斐逊说："这一定会花上我们两三年的时间，到那时，如果我们两个人爱的创伤仍然不能愈合，那才叫怪了。”后来，杰斐逊仍旧是为伊消得人憔悴，他自己对自己说：“我确信自己不久就要死了，我没有其他的理由，只是活得不耐烦了。我这一刻，竟不觉得自己还活着呢！”

朋友后来曾经警告他说，他有个情敌。对于这个情敌，杰斐逊应该早就知道，朋友劝他赶紧过来，进行攻击。可是杰斐逊却什么也没做，独自郁闷地与母亲生活在夏洛茨维尔的家里，而且这一住，就从1763年的1月上旬住到10月1日，一共九个月。

后来，杰斐逊还请朋友帮忙，代他向丽贝卡说情，对她解释为什么要在到她叔叔面前提亲以前，必须先去英国一趟。杰斐逊当时害怕死了，他不敢向她提出这么不合理的要求，要她等着杰斐逊从英格兰回来，除非她心里先有准备。杰斐逊的母亲也竭力鼓励他以到英国看亲戚为幌子，让他赶过去。

后来，1763年10月6日，杰斐逊在威廉斯堡雷利酒店的阿波罗厅与丽贝卡共舞，却发现自己舌头打了结，结结巴巴地说不出话来，而且举止十分滑稽笨拙。杰斐逊本来想好了许多动听的话，希望能在合适的机会说出来。可是，等他真正有机会向她倾诉的时候，说出来的话都是支离破碎的，而且还混乱不堪、颠三倒四。后来，杰斐逊自己也可能知道，丽贝卡也许根本就没有认为那是他在向她求爱。虽然朋友鼓励他再去看看她，杰斐逊貌似是绝望了，他说：“再去看她一次，也不会有半点用处的。”

1764年3月20日晚上11点，杰斐逊忍着剧烈的、已经折磨了他好几天的头痛，写信给自己的好朋友，宣布他初恋的最后失败："我很难过地告诉你，以前我曾向你提出的计划，现在因为丽贝卡小姐与杰奎琳·安布勒结婚，而全部破灭了！这消息是那里的人们告诉我的，而他们觉得这当然是要告诉我的……我竟然从去年10月以来，就没有再见过她。愿上帝保佑她……其实，单身的快乐也有很多……"

4月的某一天，朋友邀请他参加宴会，也同时邀请了丽贝卡，结果杰斐逊没有去，因为怕自己当场失控。

可能是因为杰斐逊的脸皮太薄，假如丽贝卡对他稍有冷淡的表示，他一定立刻感到羞愧而退缩。他之所以没有积极主动地去采取追求的行动，可能是觉得自己的爱未能获得回报，或者是怕会这样，而不敢太明显地表示自己的爱。

我们来列举一下杰斐逊的优点，他是弗吉尼亚上流社会的一分子，是个优秀的乐师、技术高超的骑士，而且舞也跳得很好。他的身高超过两米，而且还很健壮，就是算不上英俊，但是也绝对难看不了，而且他的谈吐幽默风趣，举止优雅，在当时的上流社会很有女人缘。不知道是丽贝卡抛下他，还是他抛下了丽贝卡。也许，杰斐逊没有给她充分的机会去了解自己吧！只是，杰斐逊真的是还没准备要结婚。

由于丽贝卡结了婚，杰斐逊彻底绝望，所以他打消了去英格兰的计划。后来的一段时间，朋友们还真以为杰斐逊要一辈子打光棍了。

至于丽贝卡这个女人，因为她曾经拒绝过未来的总统，所以在历史上留下了她的姓名。

定居蒙特沙罗

在丽贝卡·伯韦尔结婚以后的好几年内，杰斐逊貌似对所有的女人都怀有敌意，比如说他摘录一些拉丁诗句，指责女人是红颜祸水，说她们不忠不贞、不礼不智。

1765 年 7 月 20 日，杰斐逊追忆他的姐姐简，说她很会唱歌，音色十分甜美。在很多时候夏天的黄昏里，在静静的河流岸边，人们常常可以听到她的歌声，伴着杰斐逊的小提琴声，一起传送到邻居那里。当他的姐姐简去世的时候，杰斐逊十分悲痛，以后偶尔提到简时，杰斐逊的言辞里总是充满着赞赏与爱意。1771 年，杰斐逊计划兴建自己的房子，其中包括家族墓地，他还想把简迁葬，那时候，他的姐姐已去世六年了。

杰斐逊在姐姐简去世后的第二年春天，开始记载《园艺簿》。

1766 年 3 月 20 日，他写下的第一件事，就是有名的“紫色的风信子开始开花”。4 月 6 日，他写道：“水仙和蒲空（罂粟科植物的一种）花开了。”4 月 13 日，他 23 岁生日那天，又写道：“蒲空的花谢了。”他从这时就开始了记述植物还有花草的种种，比如小麦、烟草与蔬菜。杰斐逊开始创作《园艺簿》，记载下这些娇嫩的花草，以及有着甘甜汁水的水果等的繁盛与枯萎的情况，也许是他觉着生命本就特别脆弱，而且感情也是脆弱无比，都需要呵护与关爱。所以他将现实移植到了花草蔬果上面。

1767 年 8 月 3 日，“蒙特沙罗”这个词第一次出现在《园艺簿》上。杰斐逊记叙了在蒙特沙罗经过嫁接的普通樱桃成熟了的情景。而这时，杰斐逊似乎已有周全的计划，为了蒙特沙罗，他打算自己夷平一座山头，并且开凿一口深井，解决浇灌的问题。之前，他将建造的这个房屋称为“何密特基”，距离母亲住的夏洛茨维尔只有 4 英里，后来才改成“蒙特沙罗”。当然，夷平一座山头的工程，是相当困难且需要花费很多钱才能完成，所以杰斐逊在等候的这段时期内，开始像疯了似的在母亲夏洛茨维尔的家里到处种植花果蔬菜。

杰斐逊如此拼命地种植花果，又热切地计划要于 1767 年在美洲殖民地上最奇特也最高的地点——蒙特沙罗，建一座属于自己的屋子。在蒙特沙罗建造房屋，这就说明了杰斐逊打算在靠近母亲的地方长期居住下来，从此他可以出入弗吉尼亚的上流社会，也可以有自己的奴婢，更可以买卖奴隶，更难能可贵的是，他可以感受乡居生活那种特殊的气息。但是，他既然做了这个决定，也就意味着杰斐逊必须接受乡村的单纯与粗野，街坊四邻那种迂腐不化的传统思想，更要忍受乡村人们停滞不前的价值观和世界观。

杰斐逊故居蒙特沙罗

蒙特沙罗，是距离弗吉尼亚较近的一个城镇，与文教中心的威廉斯堡有一百多英里的距离，离快要成为贸易中心的里士满大约 70 英里，但是杰斐逊没有选择文教中心或商贸中心定居，最终还是选择了更宜居的蒙特沙罗。杰斐逊如果处理律师业务，不论从哪个方向走，路况都很糟糕，而且有些顾客从来也不付他律师费，因此杰斐逊的收入少之又少。但是他在蒙特沙罗的坡地上移植了樱桃树后的第 13 年，却十分激动地说道："假使上帝真有选民，那在地里辛勤劳作的人们，必然就是他的选民了，他在他们的心中存藏了丰富而纯真的德行。"

由于杰斐逊经常把农人的生活与道德生活相提并论，因而这成为他哲学里著名的一部分。在美国，"杰斐逊式的"

这个词语就是理想的田园生活的意思。后来，每当杰斐逊勤于种花植树之时，似乎就是他处于人生得意的时候，而当他荒废耕植之时，正是他遭遇挫折、失败和忧郁的时候。

直到杰斐逊 27 岁之后，他才遇到玛莎·威利斯·斯凯尔顿。杰斐逊从 24 岁到 27 岁之间，都在几近疯狂地种植花果蔬菜、兴建房屋。

步入婚姻殿堂

杰斐逊对他的妻子玛莎·威利斯·斯凯尔顿十分爱怜。玛莎·威利斯·斯凯尔顿长得十分美丽，中上等的个头，她有着淡褐色的眼睛和赤褐色的头发，皮肤十分细嫩，体态柔美，而且她的举止温文尔雅，风姿绰约，很是迷人。

玛莎·威利斯·斯凯尔顿有着很好的音乐细胞，她的大键琴弹得相当好，歌声也很迷人，所以音乐成为她与杰斐逊之间的直接联系。

据说，当时玛莎·威利斯·斯凯尔顿还有两个追求者，在她家中的走廊上偶然碰到，两个人都认为自己是很受玛莎·威利斯·斯凯尔顿青睐的，并为此事相互争吵起来。可是当他们听到杰斐逊和玛莎在客厅里一起唱歌的声音后，两个人相互交换了一个眼色，都拿起帽子灰溜溜地走掉了。

在 1770 年，杰斐逊爱上了玛莎。当时杰斐逊 27 岁，他追求玛莎的过程是十分愉快的。

玛莎的言谈举止都很活泼开朗，但是偶尔会因为她的坦诚和率真变得有些尖刻和执着。玛莎在跟杰斐逊交谈的时候，会因为他们的爱情而变得细声细语、乖巧温顺。

玛莎长得十分美丽，杰斐逊对她也是怜爱有加。她的良知与居家的德行，赢得了杰斐逊的尊敬，而她聪明开朗、和蔼可亲的个性与大度的风雅，更是让杰斐逊对她由衷的痴迷和爱慕。

玛莎还是个很好的管家，也是个克勤克俭的主妇，而且她是个优雅、雍容而又多才多艺的女性。她能全神贯注地倾听别人的诉说，遵守上流社会的礼数，她能很有技巧地招待杰斐逊的宾朋，让这些宾朋感觉就在自家一样，因此她也深得杰斐逊朋友的喜爱。玛莎处理自己与杰斐逊姐妹之间的关系也很有一套，在家中很有人缘，而在邻里之间，也是如此。

关于杰斐逊的岳丈约翰·威利斯，杰斐逊在《自传》里写道："他是个最和蔼可亲的老友，他诙谐而幽默，到哪里都受到欢迎。"威利斯对女婿杰斐逊也是十分中意，后来指定杰斐逊为他的遗嘱执行人。

玛莎是杰斐逊去世的朋友巴瑟斯特·斯凯尔顿的妻子，婚姻使得她变得成熟，但是丈夫的去世也让她悲痛不已。玛莎第一次的婚姻，从 1766 年 11 月 20 日至 1768 年 9 月 30 日，只有短短的 22 个月，杰斐逊与玛莎结婚的时候，她与前夫的儿子杰克已经 4 岁了。

玛莎出身于一个复杂的家庭。她的父亲曾先后死过三个老婆,第一任妻子生下玛莎之后三个星期便过世了。约翰·威利斯在第三任妻子也去世以后，便不再续娶，与家里的一名女仆贝蒂·赫明斯发生了感情，就把家中的一些事务都交给她打理。

贝蒂原来就有 6 名子女，之后又为威利斯生了 6 名黑白混血儿，她后来到杰斐逊蒙特沙罗的农场上，又生了 2 个，总共 14 名子女，但是长大成人的却只有 3 个，而贝蒂自己则活到了 1807 年，享年 73 岁。

玛莎·斯凯尔顿与杰斐逊结婚 18 个月后,父亲不幸去世,她继承了 135 名奴隶，其中包括贝蒂和她 12 名子女中的 10 名。在蒙特沙罗，杰斐逊给了贝蒂一间小屋。而在杰斐逊的账册里，还记有向她购买“小母鸡”和“家禽”而付给她的钱，可见她还是相当的独立，并受到某些特殊的礼遇。

杰斐逊本人十分憎恶奴隶买卖的行为。在与玛莎结婚九个月之后，杰斐逊的岳父约翰·威利斯就在《弗吉尼亚报》上大肆宣传，说非洲新运到大约 400 名健康的黑奴，让人们过去赶紧购买。杰斐逊虽然与玛莎结婚还不到两年，但他还是积极地宣传马上终止奴隶买卖的行为，并希望能巩固废止奴隶的制度。虽然杰斐逊与岳父的思想是对立的，但是他仍旧对岳父很是尊敬和喜爱。

1772 年元旦，杰斐逊和玛莎在查尔斯郡的家佛利斯结婚。这个地方离蒙特沙罗大约有 100 英里。

他们结婚两个星期之后，玛莎把小儿子留在家中，二人开始踏上了回蒙特沙罗的旅途，他们也曾经顺路去拜访了吐卡霍的威廉·伦道夫家。后来由于遭遇了大风雪，他们只好在半路上丢弃了篷车，改骑马前往蒙特沙罗。赶往蒙特沙罗的路其实根本算不得路，只是一条山径罢了，地上的雪也深得很,他们就这样走了 8 英里才到达蒙特沙罗。到家的时候，夜已经深了，炉火也已经全部熄灭，仆人们也都回房休息去了。辛苦地走了这么一大段路，最后面对的却是一屋子的安静与落寞。这么冷清无趣的蜜月，实在是大煞风景，那时杰斐逊却在一些书本后头藏了一瓶酒，因此这对新人一边喝酒缓解旅途的劳顿，一边高歌欢笑，打破了这夜晚的寂静。

到家后的第二天清晨，杰斐逊就在他的《园艺簿》里写道:“这是我们所曾见过的最深的雪，在阿尔贝马尔，大概深有 1 米。”现在，杰斐逊开始用“我们”这个词眼了，这也就代表，他的感情生活终于重新开启了。

就这样，杰斐逊与玛莎开始了 10 年都没有削减的欢乐时光。杰斐逊再也没有返回威廉斯堡去担任议员，而且他也错过了整个 2 月里的全部会议。显而易见，杰斐逊完全陶醉在美满的婚姻生活里了。两个人虽然恩爱有加，但是在 1782 年玛莎去世前的这段时间里，他们却频遭丧子之痛，玛莎前夫的儿子死于 1772 年 6 月，其后他们生的 6 名子女又死了 3 个。

结婚之后的杰斐逊很顾家，而且他也成了一个非常富有的人。杰斐逊的岳父 1773 年去世，杰斐逊继承的不只是 135 个奴隶而已，另外还有 1800 英亩土地。他自己原来有 750 多英亩土地和大约 50 名奴隶。虽然岳丈同时也留有债务，杰斐逊卖去了 1650 英亩的半数，用 3749 英镑来清偿妻子的一份债务，却保留着 3 处农场——白杨林、麋岛和麋丘，再加上蒙特沙罗一共 4 个地方，并将新得的奴隶派送到这些农场上去。结婚初期的杰斐逊，感觉自己很有钱，因此他就过起了养尊处优的生活。

蒙特沙罗是杰斐逊的第一件创作，按照弗吉尼亚农场的标准来说，只能算是中等的华丽，不过杰斐逊却很能对地方推陈出新。

杰斐逊收集很多建筑方面的书做参考，但不是一味地模仿。他注重实际，勤于试验，并勤奋修改。杰斐逊之前就学了不少知识，他现在集度量、设计、工程与绘图的工作于一身，对于细节与整体的设计也很留意。终于在他不断努力之下，虽然之间有过很多曲折和反复，而且花费了杰斐逊很多钱，但最后还是打造成了最完美的蒙特沙罗。

建屋的工作，在杰斐逊婚后的 10 年当中只是完成了一部分，奴隶们烧制了无数个砖块，并在土里挖掘大地窖。杰斐逊准备打造一个非常特殊的主屋，主屋两边伸出 16 米的厢房，其中包含杂务房。这些杂务房、厨房、库房、酒窖，奴隶们的睡房都是平顶房，并且只从一个方向开门。他这套方案是将很多名家设计集于一身，加以改造。虽然杰斐逊这所房屋完成之后，显得比之前的小一些，但是这房屋却更加敞亮和美好。

杰斐逊设计的花圃和果园，是那种广阔舒适的英国类型的大花园。花圃和果园当中的许多植物，又是意大利地中海沿岸类型的，果园却像法国南部典型的广袤果园。后来杰斐逊还建造了一个有篱笆的林园，在当中圈养了一些鹿。

在玛莎和杰斐逊结婚之前，杰斐逊订购了一架桃木打造的做工精美的大键琴送给玛莎。后来还请了一个意大利的乐师来教她，同时杰斐逊也让他指导自己拉奏小提琴。他们的生活真是相当的悠闲舒适。

不过,杰斐逊也花费很多时间为了律师事务而东奔西跑,但是弗吉尼亚人没有付现款的习惯,有的人甚至根本不付款。杰斐逊的律师事务所开业了 7 年，处理了 941 桩案件，在前 6 年里，赚了 2177 英镑，实际只收到了 692 英镑，再加上杰斐逊对律师这一职业本来就没什么兴趣，所以后来他就高高兴兴地弃法从政，投奔革命生涯了。

不过，法律是通往政治的道路，更是可以直通革命的道路。在弗吉尼亚，最先准备跟英格兰决裂的那些青年，大部分是从事这个行业的。

杰斐逊在婚后的几年之中，过的是相当让人羡慕的滋润的富豪生活，美酒、好马、成熟的果园、美丽宽阔的花园、丰富的藏书，而且杰斐逊如果有闲情逸致了还可以看看哲学书、拉拉小提琴，还可以观察天气的变化。但是让所有人都吃惊的是他却成了一名革命志士。

这个举动让人很费解。如此年轻的贵族，而且还是一百多个奴隶的主人，家中还有好几千英亩土地的大财主，还有活泼开朗、聪明能干的妻子，应该是人生最得意的时刻，可是在独立战争后，杰斐逊并不像一些人那样转向保守主义去拼命地赚钱，也不像一些政客对英国的君主政体表示大加赞赏。他却和朋友托马斯·潘恩继续高歌猛进，成为美国总统当中最坚守独立意志的革命家，而他的坚定不移也值得我们学习。

革命生涯

为自由而革命

很多人都很赞赏杰斐逊的智慧与理智，认为他的智慧和理智已经超乎一般人的想象了，但那都是经历了很多坎坷之后才会有的。在美国的革命战争期间，杰斐逊和其他的革命分子一样，也会跟着自己的情绪走，也会因为一时的气愤而做出让人意想不到的事情。

杰斐逊也曾说:“如果我们的国家在枪尖之下遭受凌辱的时候，我们还在讲理智、讲道理而对之不闻不问，那么我们现在能在哪里呢？一定是快离灭国和殒命不远了吧！”

虽然杰斐逊的很多愤怒和其他的爱国志士一样，都是针对英国王室，但是也有一些态度和情感并不受到他弗吉尼亚同胞的欣赏。杰斐逊认为，白人对待黑人与印第安人不公，但是他反对奴役与迫害这些人的言辞与他为殖民地而反抗英国之时所使用的言辞太过相似了。也许杰斐逊这种愤怒与他害怕自己也会遭到奴役有关，而他这种恐惧可能来自他小时候曾经受到过父母的控制与支配。

1769 年，杰斐逊落户的地方选举他为州议会议员。他在议会里请求准许解放黑奴，但是遭到拒绝。当然，在王室的统治之下，只要是有关自由的事情都不会成功。

街头杰斐逊雕像

年仅26岁的杰斐逊这次提及的议案，是他第一次的立法案。当时弗吉尼亚的法律规定，只有绝对忠诚和有功劳的黑奴才能得到释放，可是在其他的地方，比如北卡罗来纳和佐治亚，拥有奴隶的人只需要向州郡的法院登记一下，就能释放黑奴。杰斐逊要求全弗吉尼亚拥有奴隶的人应该有权自由地释放自己的奴隶。

杰斐逊的这项提案虽然遭到了很多人的指责和质问，但他没有因此而退却，反而在五年之内更加频繁地指责现有的奴隶制度是社会丑恶的陋习。他坚称废止这种制度，应是美洲殖民地人民“所希望的大目标”。

然而事情轮到自己头上的时候，杰斐逊却又成为他所抨击的那种人，这样说明，他对于黑人的态度，还是存在着质疑和矛盾。就在他提出释放奴隶的议案没有通过的1769年，他家里一名黑白混血的鞋匠兼木工的奴隶，偷了一些财物还有杰斐逊的马，悄悄逃走了。结果，杰斐逊在1769年9月

7 日的《弗吉尼亚报》上刊登广告，要捕捉逃跑的奴隶，言语十分凶狠。后来奴隶终于被捉到，三年之后，杰斐逊就用 100 镑把他卖了。

就这样，杰斐逊一手羁押了一个热切渴望自由的奴隶，而另一只手却又伸出去，想要解开其他奴隶的束缚。

1770 年 4 月，他为一个黑白混血的黑奴辩护。这名黑奴，以祖母是白种女人与奴隶父亲所生的女儿为由，要求获得自由。杰斐逊承办这件案子，是因为他认为那白种女人所生的孩子，在法律上是自由的——根据弗吉尼亚的法律，奴隶的地位不以肤色来决定，而由母亲的地位来决定——她的后裔自然也该是自由的才对。

在这个案件中，杰斐逊大声呼吁说，在自然的法则之下，所有的人都生而自由，来到这个世界的人，对于自己的人身都拥有一份权利，这当然包括凭自己的意志随意行动，并获得最终的自由。而在当时的弗吉尼亚，这种举动被列为具有煽动性的异端邪说，法官因此断然地命令杰斐逊闭嘴，并把这名混血青年交由他的主人去裁夺。所以，他在当律师与从政的一开始，就同时留意到奴隶问题与黑白混血所造成的错综矛盾的心理状况。值得注意的是，“所有的人都生而自由”这句话六年之后重又出现在他的《独立宣言》里，而最初却是他公开为一个黑人奴隶辩护所说的。

杰斐逊不只是对奴隶制度感到很厌恶，他对白人任意杀戮印第安人的行为也是相当震怒，可是这些情况在俄亥俄州的边境上却十分普遍。

1774 年 4 月，由柯利萨上校率领的一批白人杀害了一群无辜的印第安人，其中包括数名妇女，还有一个怀了孕的妇女。谁也没有想到的是，这些被残杀的印第安人是一个名叫罗根的酋长的全家。很多人都知道，他是白人的朋友。罗根为了复仇，让他的薛尼族人也杀死了很多的白人移民。弗吉尼亚总督邓莫尔爵士，亲自带领部队前往该地剿除了这些印第安人。罗根脱逃之后发表了一篇情词哀恳的演说，后来被 1775 年的弗吉尼亚报界广为报道。这篇报道，深深地震撼了杰斐逊，因此杰斐逊立即把它记在手边的账册上，后来又把它收在《弗吉尼亚纪事》里。

如果杰斐逊在培根、洛克和牛顿这些学者之外，还要另选一位英雄人物，那么就是这位薛尼族的酋长了。这么一位愿意与白人和平修好而被嘲骂和指责的人，却因为白人毫无理智的滥杀,变成了凶猛残酷的战士。这一连串血腥的屠杀，在 1774 年到 1775 年间弗吉尼亚的报纸上都有详细的报道，而这正是杰斐逊投身革命最紧要的一年。

杰斐逊在 22 岁的时候，首次听到叛国与革命的言辞时，他就站在弗吉尼亚议会的门边，听着上层的代表人物派帕特里克·亨利大声疾呼，反对“印花税法案”。当时美国殖民那样愤怒地反对印花税法案，并不完全是对英国暴政的一种反映，而是对他们已经习惯了特有的自由受到侵害时感到的不满。1766 年，印花税法案终于被废止，美国殖民地的人们认为这是最大的胜利，于是在安那玻里斯疯狂庆祝。

杰斐逊有好多亲戚，在这次革命性的抗议中，走在最前线，重要的有他的益友佩顿·伦道夫；还有他母亲的表亲理查德·布兰写了一本很有影响力的小册子——《试论英属殖民地的权利》。杰斐逊曾经研究过有关威尔士人对抗英皇的著作，他在自己名句选集的本子上，抄录了西蒙·皮鲁帝雨的《塞尔特史》中的一些故事，讲的是古塞尔特人凭着己意推举国王，或是贬斥国王，对于有关全国利益的事情，都以少数服从多数的投票来表决。

就在1769年杰斐逊成为弗吉尼亚议会议员之后的第十天，他首次尝到了英国皇室的厉害。一些美国殖民地的立法者都计划用最有效的手段，来抗议英国在殖民地新增加的纸税、玻璃税、颜料税和茶税。英国国会派出了两个英国常备军军团，前往波士顿镇压疯狂抗议的民众。然而，这是政治上一个重大的错误,这种举动惹火了整个大西洋海岸的人民。乔治·华盛顿是战场上的老将，他曾经把法国人赶出了美洲大陆，为英皇争得了不少光荣，他也把英国的驻军视为一种侮辱。可是正当华盛顿和弗吉尼亚议会的议员们投票决定要和马萨诸塞州的人们团结一致抗议英国暴政的时候，弗吉尼亚新总督波特托爵士却下令要关闭议会。

可是这个爵士万万没有看出来现在的弗吉尼亚的议员们每个人都因为革命而剑拔弩张了。总督关闭了他们固定的集会场所，他们就前往罗莉酒店的阿波罗厅开会，并选举佩顿·伦道夫为议长，决定革命到底。还草拟了“不进口决议案”，不购买、不使用一切英国或外国货物，包括酒与奴隶作为抵制。华盛顿是此议案的创议人，杰斐逊也在提案上签下了自己的名字。签署完毕之后，全体议员举杯庆贺。

这份议案与其他相类似的议案，送到了殖民地的其他各州，造成了深远的影响。结果所有的税一概取消，只留下茶税。殖民地的人们又一次获得了胜利。

不过，令人感觉有些失望的是，弗吉尼亚人本来对黑人掌握着生杀大权，现在他们作为奴役别人的人却起来反抗奴役，这真是让人觉得很讽刺。

后来，“奴役”一词变成了家喻户晓的口头禅，也成了集会之时愤怒的呐喊声。1768 年,华盛顿写道,英国政府“用尽阴谋诈术与高压，要把奴隶的枷锁加在我们身上”。杰斐逊自己也写到，它“处心积虑，有系统的计划，要把我们降格为奴隶”。

在当时美国殖民地的 13 个州上领养黑奴仍然是合法的，而反对奴役的行动还只是在开始的阶段。他们对自己的奴役黑人，与心中所想的英国奴役自己，有着截然不同的感受，其间竟无法以任何逻辑加以沟通。

但这对于杰斐逊却是不一样的，不管是对于国家还是对于自己，杰斐逊都觉得难以从这种进退两难、自相矛盾的情况中挣扎着站起来。1769 年，杰斐逊要求弗吉尼亚议会赋予他权力，让他释放自家的黑奴，他已经看出解放黑奴的权力，与免除君主或国会专政的权力，两者之间有着密切的关系。

1773年12月16日，波士顿港口的白人们为了抗议英国征收茶税，假扮成印第安人与黑人，将成箱的茶叶倒入海中，造成了“波士顿茶叶”事件。在此之前，1772年7月，他们还焚毁了英国税船“戛斯皮号”。除此之外，从税法的废止到茶叶事件这段时间里，算是很平静，这让很多人都以为美洲的问题已经解决。

华盛顿返回了弗农山庄，开始经营他的农场，而杰斐逊也在这个时候开始建造蒙特沙罗的房子，娶妻成家，并开始长期挣扎在政治狂热与田园生活之间。

从1766年开始，杰斐逊就阅读有关政府缔约的书籍。自从弗吉尼亚议会关闭之后，杰斐逊就派人赶到英国去购买洛克的《关于政治学的两篇论文》、伯拉玛奎的《自然权利法则》、华纳的《爱尔兰史》和《内战史》、斯图尔特的《政治经济学》，还有孟德斯鸠的著作。买到之后，杰斐逊就夜以继日地攻读这些书，埋头做研究，并将有关政府的经典句子和思想摘抄在了他的名句选集本子中。这样他才成为了“一本联邦政府制度的历史先例的百科全书”。杰斐逊研究的政府体制十分丰富，他研究过乌特勒克联邦（乌特勒克现为荷兰中部一省）、赫尔维提亚的政体（古罗马时代阿尔卑斯山地之一区，今为瑞士西部及北部地区），还有丹麦、瑞典和波兰的政府制度，等等。到1773年，约翰·洛克“天赋人权”的理论已经成为人们讨论的焦点，越来越多的人开始意识到，美洲的命运关乎着世界历史。

“波士顿倾茶”事件发生后，英国政府竟然不把它当成暴民的暴行，却将它视为民众造反的行为，于是派部队封锁了波士顿港，废除当地一切政府机关，包括警长与治安法官的办公室，并禁止和平的集会及政治辩论。

殖民地的人们采取了两种形式作为反应：一种是小规模的行动，就是弗吉尼亚的激进人士要求议会指定一天斋戒、祈祷，要求“上帝插手”，使殖民地避开“内战的恶魔”，这一着政治策略，杰斐逊后来满意地说，这种行动十分奏效，就像“电击一样”。另外一种行动就更重要了，由于总督邓莫尔爵士一再因为不知名的小事为借口解散议会，议员们决定在 1774 年 8 月里进行非法集会，选举代表组成纯粹的“大陆”议会，杰斐逊已经准备了一份周全的革命文件，供大家检阅参考。

《英属美洲权利概述》(以下简称《概述》) 是杰斐逊第一篇严正的论述，也是《独立宣言》的前身，它仔细而理智地陈述了殖民地人民的冤情。这篇论著气势磅礴，它反映出千万殖民地人民的愤怒，这种愤怒，最后炼化成了文雅的《独立宣言》。《概述》除了陈述殖民地人民在心智与经济方面所遭受的痛苦和待遇的差异与权利的问题之外，其中还凸显了最原始的“两代”之间的冲突，美国被比喻成被奴役的孩子，英国和英王则被比喻成母亲。美洲殖民地作为年轻的一代，要求他们与“母亲”的这一辈享有同等的权利。

《概述》的内容反映了一般年轻人常对父母发出的抱怨，很可能杰斐逊也是这样，深深觉得在母亲那里受了委屈。殖民地上很多的青年，原来认为跟母国和英王翻脸是十分罪恶的事情，但是现在《概述》却激起了他们的共鸣。

在美洲殖民地上，完全能够让青年们热血沸腾的话是约翰·亚当斯于1775年9月24日，在日记上说的："雷诺兹爵士又在要他的老花招了……他摇着摇篮，唱着催眠曲，纯真的孩子睡着了，于是他就拿起准备好的藤条，猛抽那可怜的婴孩。"后来《独立宣言》签署完成，约翰·亚当斯意气风发地写信告诉朋友说："再见！再见，昏愚痴醉的继母，终于要独立啦！"

就这样，一向过着惬意悠哉传统贵族生活的杰斐逊，在1774年写下他的《概述》。而这篇论述特别值得注意的是他的勇气。他在《概述》中告诉英国的国王，在美洲什么可以做，什么不可以做，同时人民应该有权决定让英王下台，或是脱离大英帝国而独立。《概述》的送往过程也是很有趣的，当时杰斐逊带着《概述》前往威廉斯堡参加革命聚会，但因为感染了严重的痢疾，不得不折返蒙特沙罗，不过他却派人送了两份《概述》前去。这样，《概述》才得以发表并流传。

《概述》在英国一下激起了很强烈的反响，而且很多地方都出版了好几版。这对于杰斐逊来说却不是一个好消息。马上杰斐逊的名字就连同其他有影响力的人一起被列到了英国国会建议处死的名单里。

独立战争开始

1775 年，杰斐逊被选入“大陆议会”，他动身赶往费城，并在 6 月 21 日抵达。此时华盛顿刚刚被推举为“大陆军”的最高统帅。华盛顿曾经尽力推辞过统帅的职务而没有成功，他表示十分不愿离开自己的家，怎奈大家都很相信他的能力，要把重任托付给他，也许这是命中注定要他替国人服务，希望自己接受了这个职务之后，能够不辜负国人的期望。华盛顿比杰斐逊大 11 岁，是杰斐逊心目中的英雄，他在对法国人与印第安人的战争中，出生入死，战绩骄人。当华盛顿带着一个分队的民兵动身前往波士顿时，杰斐逊曾骑马相送，一路上为华盛顿鼓号，场面很是感人。

杰斐逊在这个时候，第一次成为革命的核心人物之一。他有幸见到了本杰明 · 富兰克林、约翰 · 亚当斯、约翰 · 汉考克，还有许多议会里的元老。

罗得岛州的代表塞缪尔 · 沃德眼中的杰斐逊看起来很通达，聪慧而又优雅，从他所写的那本《论武装的必要》（《概述》）小册子中就能看出来。后来，杰斐逊与富兰克林、约翰·亚当斯共同起草“雷诺兹爵士建议和解的会议决议案”。杰斐逊和富兰克林一样，几乎从来不参加公开的辩论，但是他的才能仍然让很多人佩服。

杰斐逊这时 32 岁，是“大陆议会”里第二年轻的。自此他仍旧勤奋不懈，但是他仍会感觉自己无足轻重，但是比他大的同僚们却不这么认为。约翰·亚当斯在 1775 年 10 月 25 日的日记上说：“杰斐逊十分特殊，他曾学过法文、意大利文、西班牙文，又想学德文。杰斐逊在议会里以他的文学和科学的素养著称，而且还善于写作，他在议会上的谈话中，表现得十分敏捷、真诚、坦白而又果断……因此他深深抓住了我的心。”从此他俩就展开了政治史上一段感人的友情。

1775 年年初时，杰斐逊的政治热情度突然变得摇摆不定，并且在 1776 年 9 月 2 日辞去国会的职务。当杰斐逊回到家中的时候，只有 18 个月大的小女儿刚好不幸死去，这更使他不忍心离开爱妻。虽然佩顿·伦道夫等人的妻子都随着丈夫长途跋涉，来到革命的中心地，杰斐逊却深深知道自己妻子的身体一直不是很好，而沿海英军的进攻，发生战事的可能性很大，不能叫她陪着自己上费城去。结果妻子玛莎到妹妹伊丽莎白·埃普斯的家中住了几星期，她家在查尔斯城，比蒙特沙罗更靠近海，更靠近英国战舰。在如此伤心的时刻，她没有寻求丈夫的安慰，反倒去求助妹妹，很可能她对费城的事情和费城所代表的意义，丝毫没有兴趣。

杰斐逊回到家后，却发现家乡发生了很大的变化。威廉·伦道夫家的亲戚，已经为了革命的争论而分裂了。母亲的亲人约翰·伦道夫是弗吉尼亚的检察长，他认为弗吉尼亚人是想叛国了，十分愤怒，就将家产全部卖了，带着一家老小去往英国。

约翰·伦道夫同杰斐逊之间原来签有一项友好的文契，说明了杰斐逊若先去世，由伦道夫继承杰斐逊收藏的价值大约100镑的书，要是伦道夫先去世了，就由杰斐逊继承他的小提琴和乐谱。现在伦道夫马上要到英国去，于是在杰斐逊的建议下，伦道夫以13镑的价钱把琴让给了他。伦道夫那正值青春年少而且热血沸腾的小儿子埃蒙德说什么也不肯随着父亲去英国。佩顿·伦道夫现在是大陆议会的代言人，而且是革命运动的先锋人物，表示愿意收养他做自己的儿子。

在约翰·伦道夫去英国后不久，杰斐逊与佩顿·伦道夫在费城外一家餐馆里用餐，佩顿突然全身麻痹，在5小时之后就不幸去世了。杰斐逊所有亲人当中，此人是他最亲近且近似于父亲的长辈，他后来说，伦道夫、威思和斯莫尔博士，是影响他一生最多的良师益友。

邓莫尔爵士除了威胁要炸毁大西洋沿岸之外，且还让人谣传，对于逃离叛党主人而加入英军的黑奴，邓莫尔一律让他获得自由，并且鼓励黑奴大肆叛变，这事使得杰斐逊为难而又不安。如果这些黑奴愿意参军并且获得自由，两周之内，佐治亚和南卡罗来纳这两省就会有两万的黑奴加入。而这些黑人之间有很好的传递消息的方法，相信一两个星期之内，消息就可以传遍数百英里。

杰斐逊一直每个星期都要给妻子写一封信，但是1775年9月30日到11月7日之间，却收不到妻子和她在查尔斯城亲戚的一些只言片语，因此他变得焦虑不安。

1775年11月7日，邓莫尔爵士正式宣告，只要是加入“皇家部队”的黑人，一律将给予自由。12月初，邓莫尔已经有300名穿上军服的黑奴。每人胸前都有“给奴隶以自由”的字样。杰斐逊听说英军逆流而上，在农庄烧杀抢掠，并使尽一切方法引诱黑奴，弄得殖民地人人自危，就催促妻子和她的妹妹埃普斯一家搬往内陆，并答应同他们会合。虽然大陆议会决定不休会，杰斐逊仍然于1775年12月28日，悄悄返回蒙特沙罗。

然而此时，让人吃惊的事情发生了，杰斐逊竟然有四个月不见踪影。1776年2月4日，弗吉尼亚另一个代表和好友小托马斯·纳尔逊，写信要杰斐逊带玛莎到费城去，并说她要趁此注射天花预防针的话，他的太太可以照顾她。杰斐逊连着三个多月没有回信。等他再回到费城时，纳尔逊已经走了，当时杰斐逊只是简单地写了几句话给纳尔逊：“妻子没能和我一起来，我仍然是十分的紧张与焦虑。”

到底是什么事让杰斐逊与外界隔绝并一点消息都没有呢？

1776年元旦，华盛顿已经升起了新的美国国旗；国会并已授权本尼迪克特·阿诺德率兵进击加拿大，战势正在高涨。1776年，杰斐逊的蒙特沙罗正是春季种植的好时期，但是他在《园艺簿》上却一样也没记。他在《自传》里面也跳过了1775年7月22日至1776年5月15日的这一段时间，使他在政治生涯上的这一段经历成为一个谜。

有人认为，杰斐逊从来无法长久而持续地从事政治工作，并觉得他之所以屡次返回蒙特沙罗，都是为了喘息以求复苏。这话当然很有道理，但值得注意的是，他返回蒙特沙罗的时候，也多半是他遭受剧烈冲击的时候。在这段时间里，他只写了一篇论述:《驳〈殖民地系建立于英国的牺牲上〉》，其中对英王的攻击，态度暧昧，文章的层次散乱不清，而且含糊其辞。这也许是杰斐逊家里的人害怕他会犯下政治上的大错，更也许是杰斐逊他自己害怕革命失败会造成一家人的损失，所以销声匿迹了一段时间。

与此同时，华盛顿已经打了一场鼓舞人心的胜仗，进军温切斯特高地，迫使英军撤出了波士顿。炮声隆隆不停，人们的心绪也不能平静，都等待着独立的这一天。而这消息和情绪很快就传遍了整个弗吉尼亚州。他的朋友约翰·佩奇当时还不知道杰斐逊已经离开大陆议会，在1776年4月6日让他起草宣布独立的文件，但是，几星期过去了，杰斐逊仍然没有返回到费城，朋友们都认为，他如果没有成为拥英派，就是对妻子割舍不下。

这一年的3月底，就在他准备回费城的时候，母亲却意外发病，一小时之后去世了。杰斐逊严重的头疼病发作，这一耽搁又是六个星期。杰斐逊一生几次剧烈的头痛，以这一次时间最长，那剧烈的疼痛每天清晨就开始，到了晚上还在隐隐作痛。杰斐逊的头痛断断续续地发作着，直到他离开总统职位以后，才算完全消失。

杰斐逊动身去费城之前，像个谨慎的丈夫一样记下了他欠人家的钱和人家欠他的钱，还给了太太 10 英镑，这些他都匆匆地记在账册里面。

回到费城后，一连六个星期，杰斐逊一口气写了很多东西，这是他一生当中作品最可观的时期。从 1776 年 5 月 17 日至 6 月 28 日，他写了两篇十分著名的政治文件:《弗吉尼亚宪法》和《独立宣言》。他的疲倦消失了，他对革命的质疑和矛盾也彻底没有了，他焕然一新，成为人们认识的杰斐逊。

弗吉尼亚的宪法包含了大部分杰斐逊一生主要的政治原则——人民有权反对集权统治、全民投票是重要的、西部应由独立的农民自由开发、给予印第安人合理的待遇、废除长子继承制与限定继承制、由民选的代表控制军权等。这样精密而复杂的政治构想，杰斐逊一定经过了多年的深思熟虑才能写出。

杰斐逊回到费城后获悉要重写弗吉尼亚宪法，要重新订定弗吉尼亚的政治结构，不禁大为忧虑。虽然他得到消息比较迟，但他还是立即写信给小托马斯·纳尔逊，暗示他，要他解除自己在议会里的任务，以便去威廉斯堡参与制定新宪法的工作。

杰斐逊认为，弗吉尼亚如果不能有个好政府，又怎么能跟英国打这一仗呢？但是他的请求没有被批准。即使这样，杰斐逊依然在 13 天之内写好了三个草案，和乔治·威思一起把最后一个草案送往威廉斯堡。但是他们太晚了。制宪会议已经采用约翰·亚当斯、乔治·梅森和理查德·亨利·李所起草的宪法，不过他们还是重开辩论，加入了杰斐逊起草的草案。

杰斐逊在修订宪法行动中，没有掌握住时间，这充分表明了，在他那四个月不见踪影的时间里，不是像他朋友所想的是在平静地享受家庭的生活，更不是借此机会苦心积虑地计划宪法，而应该是他本人有着很强烈的矛盾，以至于他真正暂时放下了革命。母亲的死，对杰斐逊来说，或许是一种解脱，这也代表着最后的“独立”。这就像他平时最喜欢说的一句话：“保持独立，维持公正，哪怕天塌下来！”

签署《独立宣言》

试问一个问题：假如杰斐逊真的获得批准离开大陆议会而去参加修订弗吉尼亚的宪法，那么独立宣言又会由谁来写呢？很多人会认为是约翰·亚当斯。因为当时本杰明·富兰克林由于疾病困扰而残废了，而其他的人都没有资格。

1776 年 6 月 11 日，议会选举五个人起草宣言，33 岁的杰斐逊以最高票获选。为了礼让革命先进的亚当斯，杰斐逊请他来写，但被他婉拒。

“为什么不呢？”杰斐逊问，“应该由您来写才对！”

“我有充分的理由。”

“您会有什么理由呢？”

“理由一，你是弗吉尼亚人，这件事该由作为弗吉尼亚人的你来出头。理由二，我这人不惹人喜欢，也总是受到别人的猜忌，更不受欢迎，你可是完全不一样。理由三，你写得要比我好十倍。”

杰斐逊也很谦虚地向他鞠了个躬：“您既然如此坚持，我只有竭尽所能来做了。”

杰斐逊严肃的雕像

《独立宣言》里面除了杰斐逊绝佳的表达能力之外，到底还有哪些地方让它能够永垂不朽呢?

在初稿中，杰斐逊起码有三个主要的陈述，但删去了两个，只余下一个。那删去的两个，一个是控诉乔治三世违反人性，因为他拒绝停止买卖奴隶。这一段很可能会引起道德的问题，在南卡罗来纳与佐治亚代表的坚持下删除了。由于独立战争的关系，许许多多的人像杰斐逊一样面临着要与英国的亲友断绝关系的威胁，他觉得需要说几句话表明态度才行，这一段也删了。而最后留下的，就是序言还有他那不朽的革命宣言："所有的人皆生而平等，造物主赋予了他们某些权利，其中有生命、自由和追求幸福的权利。我们认为这些是不证自明的真理。"

后来，宣言签署完成，大家都兴高采烈地庆祝，只有杰斐逊因为自己写的宣言被删减了一部分而大发牢骚。杰斐逊起草独立宣言，只有国会和少数的朋友知道，直到 1784 年，才由美国的一家报纸披露。独立宣言完成后，人们对宣言的反应也是十分强烈。他们释放了狱里的欠债人，打碎了乔治三世镀金的雕像，烧毁或者埋葬了英国国王的头像，撕毁了英国皇家的徽饰。

杰斐逊之后在《独立宣言》上签了名，并于 1776 年 7 月 4 日早上完成了议会的任务后，给妻子买了礼物准备回家了。他早在 6 月 30 日得到消息说玛莎可能又有身孕了。然而不幸的是 7 月底至 8 月 9 日之间，玛莎又流产了，杰斐逊因为公务的原因没有陪伴在她身边，心中十分难过。杰斐逊在 1776 年 9 月 2 日辞去议会的职务。尽管很多朋友都劝说他不要离开，而杰斐逊却足足有六年的时间没有再提过国事。

杰斐逊虽然抛弃了议会，议会却没有抛弃他。随着

1776年的战况转劣，议会决定征召本杰明·富兰克林、赛拉斯·迪恩和杰斐逊，派他们前往法国寻求援助。

杰斐逊十分煎熬地考虑了三天，还是没有上任。而且他还在《自传》中特别地解释了一下。杰斐逊所以不接受征召，是玛莎又有了身孕，他和妻子似乎都明白，在生产时，她比别人要容易死亡，这事别人并不知道。约翰·亚当斯为了张罗革命军的费用，并研拟联盟条款的细节，搞得焦头烂额，请求杰斐逊帮忙，而杰斐逊也对他倾囊相授。

其实，杰斐逊哪里在享受什么家庭的快乐，他当时正狂热地参与威廉斯堡的立法行动，要把弗吉尼亚变成完全民主的一个州。杰斐逊建议弗吉尼亚州扩大选举权的范围，废除长子继承制和限定继承制，开放西部土地由自耕农自由垦植，同时他自己一个人就修订了罪犯法规，除了杀人、叛国的罪行之外，其余的死罪全免。

杰斐逊从小就对由英国国教牧师开办的私人学校很不满，他建议办理全州性的、由人民税收来负担的小学教导儿童，中等学校则教育有能力的学生，以及提供奖学金给有高度聪明才智的人，让他们接受大专的教育。他建议设立弗吉尼亚州图书馆，并修改威廉玛丽学院的课程，并且由以前的神学院改为现代的学院，注重科学、数学与近代语言的探讨。

杰斐逊自己身为律师，现在又在修订弗吉尼亚全部的法规，因此了解到一些有关英国国教的事情，譬如对国教持不同的看法，可以处死；否认圣子、圣父、圣灵三位一体的，可以判监禁三年；自由思想者和唯一神论者，可以被宣告为不适合为人父母，而不许养育自己的子女。这些在当时虽然已经是死的条文，杰斐逊仍然担心在不同的“时代精神”下仍会复活,所以力主废除。杰斐逊为了摧毁英国国教的势力，虽单枪匹马，仍不遗余力，而且经过多年才得以完成，他将它列为一生当中三件最大的成就之一。还有他那著名的“第八十二号议案”，要求将沿自古代的教会权力与政府权力完全分开。这“第八十二号议案”对全世界的影响力，仅次于《独立宣言》。

杰斐逊是十万火急地赶着做这些事情，他明白大改革只能在革命白热化的时候进行。1781 年，他这样写道:“能将每样基本权利诉诸以法律为基础的最佳时机，是当我们的统治者诚实，而我们自己又团结的时候。等这场战争一结束，我们就要走下坡。由于不必再事事求助于人民的支持，人民便会被遗忘，他们的权利也会被置于不顾。而他们也忘了自己，只全心一意地赚钱……等战争结束时，这些枷锁还未能解除，他们就会长时间留在我们身上，越来越重。”

杰斐逊这些修改法律的建议，在他 1776 年 10 月到 1779 年 6 月，出席弗吉尼亚议会的期间里，可以说是一件件的都被否决了，唯一成功的是通过了废除长子继承制和限定继承制。另外就是，他费了很大的力气，才通过法案，对国教的权力加以部分的限制，使它不得迫害其他教派。弗吉尼亚的教会与政府，要到 1786 年才真正分开；全州性的自由学校的构想，也在南北内战之后才付诸实现。

杰斐逊在议会里遭受这许多挫折，也就难怪他要长期缺席了。不过他的缺席也可能与家中发生的不幸有关。1777年5月28日，玛莎生了一个儿子，却马上在6月14日夭折，孩子去世的时候连名字都还没有。玛莎现在已经死了两个儿子、一个女儿，唯一活下来的是6岁的女儿玛莎。

孩子接二连三的夭亡，使得杰斐逊更加紧守在妻子身旁。人们通常将孩子的死归于上帝的旨意，而18世纪的人，都会认为有时这会导致做母亲的发疯。杰斐逊儿子死前一年不到的时候，曾听说丽贝卡·伯韦尔在死去两个孩子之后发了疯，因此杰斐逊更深深地为玛莎担忧。

1777年的11月，杰斐逊回到威廉斯堡，一直开会到第二年1月24日，然后，又在春季返回蒙特沙罗。玛莎又怀了孩子，在1778年8月1日产下一名女婴取名玛丽·波丽。不过他们的这个女儿总算活了下来，日后给杰斐逊带来了许多的快乐。

杰斐逊的女儿波丽出世后，妻子玛莎的病况却越来越严重，因此1778年大部分的时间，杰斐逊都留在蒙特沙罗，照看他的妻子，照料他们的房屋。

1778年11月，英军攻占密弗林堡和墨舍堡，控制了特拉华。1778年12月29日至1779年1月29日，英军先后又攻陷了佐治亚州的沙凡那与奥古斯塔。至此，佐治亚州几乎全部沦陷。而此时，杰斐逊在忙碌着结交战俘朋友，并且建议那些生活困窘的军官、士兵种植蔬菜，整建营房等。

屡屡受挫

如果，杰斐逊一直按照他的这种归隐或者沉睡的方式生活下去，可能他一辈子都不会了解战争的残酷，可是，他就快要醒过来了。

杰斐逊自己并没有亲身参与革命的军事行动，他对军史或军事策略没什么兴趣，他当时就只是个建设家、教育家、立法家和植树家。如果硬要他去侵略别人，去抢夺别人的财物，烧毁别人的房屋，他也不会。虽然，杰斐逊心中是十分痛恨拥英派的，但在出任弗吉尼亚战时总督的时候，他却下令不得对那些拥英人士羞辱或侮慢。

1779 年 6 月，杰斐逊膺选为弗吉尼亚战时总督，这是他一生中的大不幸。本来 5 月初他就提出要退休，就有很多政坛人士怪他这么年轻就要舒舒服服退隐，不管天下大事。就因为有着这样的压力，杰斐逊才没有反对提名他角逐总督的职务。

杰斐逊的运气不好，刚上任的时候，英军已经把主力移往南部，拿下了朴次茅斯，在弗吉尼亚的岸上劫掠了 16 天。杰斐逊拥有 50000 名国民兵的兵源，可用的毛瑟枪却仅

4000 支，而弗吉尼亚正规军又需不断地招兵买马，补充军需以抗英军，这下可让他不知所措。弗吉尼亚像其他各州一样通货膨胀，农民反对纳税，反对民兵的征召超过两个月。而当杰斐逊就职后第一年夏天，当时的农作物严重歉收，一群拥英的叛党又在西南部蠢蠢欲动。他当总督的两年里，是他一生事业中唯一最大的失败。

弗吉尼亚的宪法很大程度上阻碍了行政的效率。杰斐逊到了第二任的时候才有权召集民兵，而不用担心必须征求八人会议的同意。为遏止通货膨胀，并使军人的所得有实际的价值，他制定了一套以小麦和烟草抵税的方法，并实行新货币，后来新旧两种货币并行，新货币并不比旧的价值高。

杰斐逊本来打算在詹姆斯河附近建立兵工厂，却因无法自法国请来技术人员而最终没有实现。杰斐逊本以为依赖民兵保卫乡村应该没有什么问题，谁知道他们上了战场就个个惊慌不已，屡战屡败。

虽然他们常常吃败仗，但是在杰斐逊的带领下，仍旧遏阻了英军的攻势，并成功对付了拥英派的反革命。杰斐逊虽然对军事不感兴趣，但是他有时候也会提出很好的战略见解，他相信英军越是猛烈的进攻，就越能加强殖民地人民反抗的意志。他轻易地平复了蒙哥马利郡拥英派与肯塔基脱离派的暴动，并使乔治·罗斯的英军人数锐减、计划失败。

杰斐逊担任总督的任期内，还有一种特殊的现象，就是杰斐逊对使用黑人军队的态度。最初邓莫尔爵士宣称，凡加入英军的黑奴一律许以自由的时候，曾使华盛顿十分紧张。不过，新英格兰已经逐步训练黑人部队，罗德岛也很快就有了所谓的“黑人大队”，然后，马萨诸塞州对于入伍的黑奴也给予自由，并给黑人奴隶主适当的赔偿。后来，纽约州用土地来抵偿，甚至于马里兰州在 1777 年以后，也开始准许黑奴参军。而宾夕法尼亚州，在本杰明·富兰克林与托马斯·潘恩的倡导下，在 1780 年 3 月 1 日，颁布了全面解放黑奴的命令，宣布以后出生的黑人孩子，到了 28 岁都可以获得自由。华盛顿后来也十分器重黑人部队，不会担心他们反叛，而且还鼓励聪颖的年轻上校约翰·罗伦斯在南部组织黑人军队，并在 1779 年 3 月 22 日，通过大陆议会的建议，开始在南卡罗来纳州和佐治亚州招募黑人部队 3000 名，奴隶主每名奴隶可获 1000 美元的补偿。

可惜的是，弗吉尼亚州自始至终从没有正式允许黑人参军。后来当黑奴的问题变得十分强烈的时候，州议会只是授权可以购买黑奴作为劳工，与民兵一起作战。可是由于给奴隶主的钱财不多，所以大部分奴隶主都不愿出售。结果弗吉尼亚州议会不仅不招训黑奴并许给他们自由，赔偿奴隶主，却在 1780 年 10 月议决，只要是白人参军服役到战事终了的，可以给予 45 英亩的土地，外加一名年龄在 10 岁到 30 岁之间的健康诚实的黑奴，或者价值 60 英镑的金银。

由于训练民兵的困难与日俱增，杰斐逊在 1781 年 5 月 10 日请求议会制定法规，征用男性黑人劳工加入军队。虽然杰斐逊对于黑奴使用武器感到不安，但是由于他的请求，却使弗吉尼亚参训的黑奴多于其他各州，而仅次于新英格兰。当大批弗吉尼亚黑奴投奔到英军的时候，其中也有杰斐逊的22名奴隶，杰斐逊毫不避讳地在《农事录》上记下他们："加入敌军。"还有些是被掳走的。后来，杰斐逊家中逃走的22名奴隶，其中死了12个，回来的6个当中又死了4个，死因都是感染了"营房热"或者"天花"，这些杰斐逊都冷静地详记在《农事录》里。他对于自家奴隶的逃亡一定是非常愤怒的，可是他又不敢建议议会，鼓励黑奴留下参军并给予自由，在《弗吉尼亚纪事》中，他就提到让黑人参军、给他自由与补偿奴隶主，要比用一名健康的黑奴来贿赂白人参军好得多。可见他是多么的矛盾。

杰斐逊在担任总督的政治生涯中，还是会遭遇到家庭的不幸。夫人玛莎勉强带了女儿玛莎与波丽，随他一起住进了威廉斯堡总督的房舍，但是因为这个地方也很容易受到英军的攻击，随后杰斐逊把州政府迁往内陆的里士满，他一家人带着几个蒙特沙罗来的奴隶，便安顿在他叔父的一栋砖房里。

1780年年初，玛莎又怀孕了。在这次的怀孕过程中，妻子曾经长期卧病不起，这让杰斐逊感到十分担忧和焦虑，因此杰斐逊想要退辞总督的职位。

1780年11月里，杰斐逊开始抽出时间详细回答了法国政府询问的有关弗吉尼亚州的历史、商业、农业与人民的情形，这便是他写《弗吉尼亚纪事》的由来。而就在11月20

日晚上 10 点 45 分，杰斐逊的女儿露西·伊丽莎白出世了。

1780 年 12 月，一列英国舰队带着步兵与轻骑兵刚刚离开纽约，往南方进发。一时，弗吉尼亚已经停了 27 艘英国战舰。而杰斐逊对当前的情况十分乐观，他派民兵队长托马斯·纳尔逊将军前往海岸迎敌，自己却整整等了两天才召集议员开会，到下达命令召集 4600 名民兵的时候，已经是第二年的 1 月 2 日了。

英军将领是叛国的本尼迪克特·阿诺德，他借着难得的顺风，沿着詹姆斯河逆流而上，在韦斯托弗放下了 1500 人，开始展开了方圆 66 英里的大攻击，制粉厂、铸造厂、战略物资、州政府文件等都被焚毁，无一幸免。临走之时，他们还将弗吉尼亚民兵抛入詹姆斯河的 5 具大炮，也捞上来带走了。幸好，他们没有俘虏到杰斐逊，而为了安全起见，杰斐逊已经把妻女送到吐卡霍去了。他自己骑着马，狂乱地在战场上找寻最后才任命的民兵队长贝隆·凡·史都本，想和他取得联系。这次的大惨败，吓坏了弗吉尼亚人，更羞辱了杰斐逊，也永远让他这个战时总督抬不起头来。

他写了封信给华盛顿坦言失败，华盛顿并没有深究，只是派了 1200 名常备兵前来弗吉尼亚，由拉法耶特统率。

拉法耶特在 1781 年 3 月 16 日抵达威廉斯堡，本来可以将阿诺德围困于海峡之上，却因法国舰队没能够如约而来，因此功败垂成，使弗吉尼亚在 4 月里再度遭受攻击。在这次进击之前，杰斐逊已经决定于第二任任期届满的 6 月 2 日，退隐回家。他的信心虽然因为阿诺德有所动摇，但在4月14日写出去的10封信中，却没有一封是悲观绝望的。

4月15日，杰斐逊那个有4个半月大的女儿露西·伊丽莎白也不幸死去了，这一天，他没有召开议会。他的妻子玛莎对于女儿的死也是十分悲痛，同时自己的健康情况也很不乐观。

最让杰斐逊意想不到的是，他还没来得及在6月2日宣布退隐，就在4月18日，又有一支新的英国部队，总共2300人，在詹姆斯河口登陆，同时阿诺德又回来了，和他一道的还有威廉·菲利普少将，此人身为战俘时，曾受杰斐逊特别的款待，后来因交换战俘而重返英军。康瓦利的军队这时正由北卡罗来纳缓慢往上推移，企图与菲利普会师，歼灭拉法耶特。

拉法耶特这时只有900名常备军，所幸有2000支毛瑟枪这时正好由北方运到，他明智地避免与英军直接交锋，在里士满附近占据了一个战略位置，使得里士满避免了第二次遭受英军的劫掠。

1781年5月20日，康瓦利与菲利普终于在彼得堡会师，这时候英军人数达到7000人，而拉法耶特的军队加上增援的宾夕法尼亚常备军，充其量不过3000人。杰斐逊写了封绝望的信给华盛顿，请他亲自前来坐镇，以安人心，并说将会在三天之内，把自己的职位移交给更干练的人。华盛顿只是回信称赞他反应敏捷，对革命忠诚，并且还暗示他法军有所计划，这将可能让英军撤离出弗吉尼亚。

5 月 28 日，杰斐逊接到议会的一份报告，指责弗吉尼亚政府听任兵员叛逃而不处置，法律规章废而不施行，没能够训练民兵等。这份报告虽然没有指名道姓，但是明显指的就是杰斐逊。

6 月 2 日，杰斐逊在蒙特沙罗，家里还来了几位议员。由于这天是星期六，因此总督的选举推迟两天，正好让他依旧在位，接受最后的羞辱。

天刚蒙蒙亮，杰斐逊被一个人叫醒了。据他说，当时他正在酒店喝酒，但是突然听到有人谈论一支英国骑兵正打算夺下议会，并计划活捉杰斐逊。于是，他赶紧连夜骑马穿过森林警告杰斐逊。杰斐逊听了之后，一边派人把妻女和朋友转移到了安全的地方，一边毫不紧张地吃着早饭，还时不时地用望远镜观察前方敌情。等到杰斐逊看到那支英国骑兵开始爬登蒙特沙罗的时候，他才悠闲地骑着马穿过了树林，朝着卡特山逃命了。杰斐逊处理这件事情很沉着，而且可以说是勇敢，只是因为他逃往了卡特山，就被之后的政敌嘲讽为在军事上软弱胆怯。其实，杰斐逊在将要离开他迷恋的蒙特沙罗时，心中很是痛楚。他心想，当他再回到此地，一定是所有都化成灰烬了。让人没有想到的是，带领这支骑兵的首领不知道是什么原因，命令手下的士兵对所有房屋和内部的设施甚至包括里面的奴隶，都不能有丝毫的伤害。

虽然当时的大元帅华盛顿很宽容地原谅并且允许杰斐逊退隐，但是他在弗吉尼亚议会里的政敌仍旧不肯放过他，在抨击和质疑杰斐逊之后，还在 1781 年 6 月 12 日通过了议会，去调查杰斐逊在总督期内的那些不力的作为。杰斐逊只好心力交瘁地带着一家人，隐居在白杨林的农场。这个地方距离蒙特沙罗有 90 英里，而且不会受到英军的攻击。

即使是这样，大陆议会觉得杰斐逊退辞总督的职位是应当情有可原，并且抓住了这个机会，在 1781 年 6 月 14 日，推选他与约翰·亚当斯、约翰·杰伊、约翰·罗伦斯，以及本杰明·富兰克林等人为全权大使，让他们设法争取俄国女皇的战争调停旨意，以谋求和平。

杰斐逊向往欧洲已经很多年了，他早就希望亲自去看看那里的科学、艺术、文化进步的情况。他再三考虑了四个星期，但最后还是婉言拒绝了，因为他的妻子身体一直不是很好。他写信给他的亲戚埃德蒙·伦道夫说自己计划从此退出政坛，过归隐生活，从此打算和家人、书本为伴。

但是，杰斐逊这次退出政坛和计划归隐的决定，并没有给他带来解脱的愉悦，反而给他留下了深深的忏悔。

开始奋笔疾书

从 1781 年 6 月杰斐逊逃难到卡特山到这一年的 9 月底，这四个月的时间里，杰斐逊已经着手著作一本书，书名为《弗吉尼亚纪事》。1955 年，威廉·皮登把这本书加以注解出版了，并评价这本书可能是1785年以前一本最重要的科学和政治方面的书籍，是美国最早的不朽著作与智慧结晶的里程碑之一。

在这四个月里，妻子玛莎再度怀孕了，所以杰斐逊在整整九个月的时间内，除了到里士满的弗吉尼亚议会为自己的名誉辩护而离开妻子两星期之外，其他时间都一步不离地陪伴着她。

在白杨林的前几个星期之中，杰斐逊开始回答法朗沙·得·巴贝·马巴有关弗吉尼亚情形的21个问题。就为了这个，他在1780年的11月就开始收集资料。这些回答后来形成了一篇篇的短文，所写的细枝末节又扩展成为章节，到最后他所写的东西变成了一本书，它不再仅是《弗吉尼亚纪事》了，它同时也是《托马斯·杰斐逊纪事》。杰斐逊在这本书中记述的有疆界、河流、海港、人口、矿产、蔬菜以及动物等，并且他还进一步讨论了教士的专横、公众教育的必要、黑人的本质、印第安人的源起，以及他们复杂的语言结构，甚至包括了弗吉尼亚的建筑等主题。他认为弗吉尼亚与美国息息相关，它的社会和政治期望就是全美国的社会、政治期望，更重要的是杰斐逊此刻已经把自己和弗吉尼亚合为一体，并与它荣辱与共了。

杰斐逊在写这部书的时候，尽可能让它变得精确万分，尽可能表现出自己的学识渊博与深谋远虑，但是此书中也包括很多自己的怨叹和愤怒，个人主见十分鲜明而突出，所以杰斐逊当初并没有打算出版。

1781年12月20日，杰斐逊送给了朋友一本，并形容这部书一点也不完美，除了证明对朋友的尊重之外，一无是处。但1785年在巴黎时，由于朋友一再鼓励，杰斐逊终于答应出书，但是这本经过了修正、补充的书，也只不过出了两百本而已，杰斐逊还拒绝在书上印上自己的名字，怕因为此书而引起议会和其他领导人物甚至国人的不愉快，他只是从巴黎秘密地给在美国的朋友寄过几本，其余的都烧掉了。一个人要烧毁自己的著作，一定是对它的内容感到十分矛盾和犹疑。杰斐逊不只是对自己所写的东西的价值不确定，他同时也害怕他所论述的关于宗教和奴隶的问题会引起强烈的反应。1785年，为了防止法国出版商的盗印，他同意翻译成法文出版，并只许在书上印上自己名字的缩写。等到印刷完毕之后，他越来越觉得如果《纪事》一旦在法国出版，难免会被翻译回英文在英国和美国出版，那倒不如以原来的面目示人。因此，他与伦敦的约翰·史多得订下和约，让他在英国出书，并且首次把名字印在书上。

杰斐逊的这本《纪事》，类似于旅行指南类型的书籍，但是其中可以看出作者的心思缜密，深谋远虑。这部书刚开始，像测量家那样平静地勘定自己那一州的界线，可是，不久他就冲出了弗吉尼亚的界线范畴之外，描述的范围逐步扩大，扩大到西边，后来到圣塔菲。该书在记叙河流的时候，杰斐逊的心情貌似显得十分兴奋与欢快……《纪事》这部书里面所写的许多事情都是有着辩证性质的，频频出现大小的对比。摊开这本书的时候，很多人会发现他不只写的是弗吉尼亚的过去，而且也写下了它必然的将来。

杰斐逊在《纪事》里有一些思想是很矛盾的。他在该书中对购养黑奴的陋习和黑人的天性以及他们遭受白人虐待的情况等所发表的意见，是人们争论最多的地方。因为不管作家们的政治立场怎样，对种族的态度又是如何，应该都有一个统一的观点。但是在这部书中，可以找到他赞同解放黑奴的字句，也可以找到他所不赞同完全解放黑奴的语言。

杰斐逊虽然是大力倡议解放黑奴，但是他的实际行动少之又少，不像宾夕法尼亚州勇敢地成为通过解放立法的第一个州。杰斐逊凭着自己的聪明睿智，当然已经觉察出自己生活中理论与行动的相互矛盾。因此，他确信上帝一定是站在黑奴这一边的。杰斐逊激动地说："当我想到上帝是公正的时候，就不禁为我的国家战栗不止，因为他的公正是永远不会沉睡不醒的……彼此情况的互换，是很可能的事，它可能由于超自然力的干预而变成真实！"

1781 年 11 月，弗吉尼亚议会开会，选举杰斐逊为大陆议会的代表，由于他的政敌派帕特里克 · 亨利的怂恿，对杰斐逊担任总督时期所作所为的调查不可小视，因此议会对这事特别举行了听证。杰斐逊顿时觉得在精神上受到了极大打击。同一年 12 月 17 日，议会选出约克镇战役的四位英雄：华盛顿、罗尚博、德格拉斯和拉法耶特，议会向他们衷心地表示感激。

杰斐逊政界的好友们觉得这次调查，一定是杰斐逊的政敌故意借理由整治他，因此特别又在12月19日的时候设法让议会增选他为英雄人物，也对他表示感激信任之意。但是后来议决又经过议会很长时间的争论，而且也没有得出结果。杰斐逊知道消息之后，立即辞去了议会的职务，而且婉拒出任大陆议会代表，并表示将永远离开政坛。

于是，杰斐逊又过上了归隐蒙特沙罗的生活，他在《农事录》里面也愉快地记下了许多事情。有一段时间，杰斐逊还让守寡并且带着六个孩子的姐姐玛莎到家里来住，其中两个外甥女已经到了适婚年龄，花费是很大的。他同时还收养了她的长子彼得·卡尔。彼得是个英俊、有前途的青年，杰斐逊亲自督导他的教育，并将他视为己出。

但是，时间一长，离开了政坛的杰斐逊，又感到孤独且寂寞。后来，有一位少将在1782年4月里到蒙特沙罗来拜访杰斐逊，杰斐逊殷勤地招待了他，并邀请他住上几天再走。

妻子逝世的悲痛

1782年5月8日，玛莎再生下一个女儿，仍旧给她取名露西·伊丽莎白。5月20日杰斐逊发现妻子的病况还是跟以前一样，随时都有去世的可能。但是拥护杰斐逊的人们还有他的政坛朋友们，没有顾上杰斐逊将要来临的不幸，在玛莎生产的那一周没有经过杰斐逊的同意，就再度把他选入了弗吉尼亚的议会。当时议会有一条法规规定，议会代表如果不到里士满去出席，又没有获得正式的批准离开，警官可以用武力强行对其逮捕，并拖往会场。杰斐逊在5月6日已经正式写信表示拒绝参加议会，但心里还是难免担心会受到威胁，而这时爱妻正在死亡的边缘挣扎。杰斐逊再度陷入了左右为难的境界。在马上要遭遇家庭剧变的时候，还要承受外来的压力，这让杰斐逊一下子又心力交瘁了。

杰斐逊在妻子生命的最后四个月里，一直都是一呼即到，即使杰斐逊不在她床边的时候，他也会在距离很近的正对着妻子床头的一个小房间里写东西。

1782年春天，杰斐逊又开始记载花园里众花开始绽放的事情。到了6月25日，他的妻子已经濒临死亡的边缘，杰斐逊就再也没有任何心情记下去了。

夏天马上要结束了，农田里也要获得丰收了，玛莎的生命也接近了尾声。一天，妻子打开杰斐逊心爱的一本书，她开始抄录上面的一些字句。这些凄美的字句，每读一回就会令人感到撕心裂肺。玛莎只选出这些来抄，而省略了与她情况不合的，正可以看出她的聪颖与敏慧，她借着别人的语句来发抒自己非宣泄不可的情感。杰斐逊把这张为自己抄录的纸小心翼翼地收藏了起来，日后还加上了一束爱妻的秀发。

玛莎马上就要去世了。杰斐逊安静而悲痛地坐在她的身旁，聆听着心爱的妻子临走之前想要做的事情和其他的吩咐。

当玛莎说到孩子们的时候，哽咽了很长时间，最后她举起手来，伸出四根手指头，告诉杰斐逊说，她一想到这四个孩子要有后娘进门，她实在无法死得安心。

杰斐逊把玛莎的手握在自己的手里,很严肃地向她保证，他绝对不再结婚。后来，杰斐逊果然没有再结婚。当时杰斐逊还很年轻，而且又英俊潇洒，他可以再好好地结婚的，只是杰斐逊一直都信守着自己的诺言。其实，玛莎去世时只有三个孩子，而不是四个。那第四根手指很可能是表示第四个夭折的孩子。

那么，又怎么看待临终的诺言呢？这样的要求当然是有些极端而且自私了，但更可能是在无限伤心之下，对爱情永恒的一种寄望。玛莎和杰斐逊结婚的时候，本身就是个死了丈夫的人，如果她真要求丈夫保证绝不续娶，那么就表示，她不仅在活着的时候占有着他，就是死后，她也仍然希望占有他，她对丈夫未来的妻子心怀醋意，就如同妒忌丈夫的政治热诚一般。如果真是这样的话，那么杰斐逊似乎一辈子都摆脱不了。不过，这也可能只是她在不得不放弃生命与丈夫时，一种万般无奈而哀伤的表示而已。

在妻子玛莎结束生命的那一刻，杰斐逊很长一段时间内几乎已经毫无知觉了，后来被杰斐逊的妹妹带离了那个房间。杰斐逊的妹妹花了很大力气好不容易把杰斐逊扶进了藏书室，到了那里他刚醒来再度昏了过去，很久都没有知觉。

1782 年 9 月 6 日，杰斐逊在自己的账册里记下："我亲爱的妻子在早上 11 点 45 分过世了。”

杰斐逊失去了自己最心爱的妻子，心情自然是悲痛欲绝。每天晚上，杰斐逊都是情绪起伏很大，而且总是无比忧伤。整整三个星期他都待在自己的房间里。不论黑夜白天，他几乎都在不停地踱来踱去，只偶尔在筋疲力尽时，才在一张小床上躺下。杰斐逊的姐姐和妹妹们一直陪了他好几个星期。最后杰斐逊终于走出了房间，他一出房间，就骑着马在山区里漫步，走向人迹罕至的地方，并且时常穿越到森林深处。他哀伤万分地走在山径之上，总会时不时激动难抑，哀不自胜！

按说，妻子玛莎长久卧病，杰斐逊应该早有心理准备，而且心中也早已经悲伤了很久，到她真正去世时，应该不会这么悲痛才对。但是，杰斐逊不是上帝，他也只是个凡人，而他也没有那么坚强。他妻子许多的病症大部分都是因为怀孕而派生出来的，也就间接因为他而生病，杰斐逊难免为此自责。而且，不管是谁，越是爱得深，自责也越是厉害。由于爱妻去世这种情况发生，杰斐逊开始是完全失去知觉，后来是失眠，最后完全不能工作了。

1782 年 6 月 25 日以后，《园艺簿》里便什么记载也没有。然而 9 月 11 日，也就是玛莎死后的第五天，杰斐逊竟然记下了关于小鸟尸体保存的方法。杰斐逊想到妻子的身体会腐坏，转而留意如何用科学方法来保存一只漂亮的死鸟。也许，这就是感触特别深刻的杰斐逊不能像其他人一样处理自己的忧伤，而是对遭遇不幸的一种抗拒。即使是这样，杰斐逊也是悲痛欲绝，他曾经说如果不是为了女儿们，都想一死以求解脱。

那么，玛莎三个小女儿的情况怎样呢？她们三个人在母亲死后，成为了杰斐逊的影子，代替了母亲，每时每刻都陪伴在杰斐逊的身边，这使得杰斐逊宽慰了不少，减少了他不少的哀伤。

在政坛大显身手

前往法国

一生钟爱的妻子去世了，杰斐逊悲痛无比，他好长一段时间都无法摆脱这种情况。不过，玛莎的去世也改变了杰斐逊以前的节奏和方向，杰斐逊不再像以前一样摇摆在家居生活与政治之间，他再也没有以前那些矛盾和迷惑。

在妻子玛莎去世之后的第八个星期,杰斐逊又重返政坛，除了 1794 年到 1797 年之间的空当之外，杰斐逊前后总共从政 26 年。虽然在其中，他总是会时常有着思乡之情，但是这些都已经不再是吸引他的主要力量，蒙特沙罗的魔力已经逐渐逝去了，家中的担忧也挥之而去。

从 1782 年 9 月至 1786 年 8 月的四年当中，杰斐逊一直都是避免他与别的女人感情的纠葛，他总是找到借口，不去参加任何宴会，也绝不会跟其他女人打情骂俏，直到 1809 年妻了过世 27 年之后，杰斐逊才第一次参加麦迪逊的总统就职舞会。杰斐逊经常以理智忠告自己，而且他全部的感情生活都在不断努力地约束自己，信守着与妻子玛莎的诺言。

1782 年 11 月里国会任命杰斐逊为全权大使，前往巴黎协办和平的磋商，他当下就答应了这个任务。等杰斐逊到了巴尔的摩以后却发现一项临时的和平条约已经在 11 月 30 日签订了，他只好又返回蒙特沙罗。杰斐逊在里士满停留了两周，打算重新建立他的政治关系。杰斐逊马上又开始了之前放弃的计划，设法修改弗吉尼亚宪法。但是州议会又把他选入了国会，而在 1783 年 6 月 6 日，成为弗吉尼亚议员代表团团长。

在国会开会的前四个月，他在家里开始把所有的藏书弄了一份目录，把 2640 本书加以分门别类，共分为“记忆”（人文学与博物学）、“理性”（道德与数学）、“想象”（美术、园艺、建筑、雕刻、绘画、诗歌、演说和批评）。他决定以后要把全部的书信都做一个简要的记录，并开始准备为自己所写的信编制索引。这件工作，杰斐逊从 1783 年的 11 月 11 日持续做了 43 年，直到 1826 年 6 月 25 日才停止。

1783 年 10 月，杰斐逊把女儿玛莎安顿在费城，而自己却不得不随国会前往普林斯顿，后来又到安纳波利斯，因此不能常常见到女儿。杰斐逊从这时开始，就不断地写信给女儿，对她耐心地叮咛和劝诫。除了当时少女们该受的教导以外，杰斐逊还给女儿订了一套读书计划，打算让她成为全美国最有教养的女性。他让女儿阅读最好的诗人和散文作家的作品以及一些较严肃的科学著作，而且特意从英国订购了一架大键琴给她。有一次，杰斐逊很生气而且严肃地给女儿写了封信，谈论关于她穿着方面的事。杰斐逊责怪女儿穿着太过于邋遢，要她从一早起来便要注意衣着必须整洁、完全而又合适。

妻子死后，在去往法国之前的20个月里面，与杰斐逊交往最为密切的是31岁的詹姆斯·麦迪逊、24岁的詹姆斯·门罗以及23岁的威廉·肖特。麦迪逊在离杰斐逊家不远的农场上长大，他也和杰斐逊一样反对奴隶制度，也就是在这时的亲密相处中，他俩培养出了深厚的友谊，为以后在政治上合作而奠定了基础。门罗曾经追随杰斐逊学习法律事务，杰斐逊对他的观点也是十分赞同。麦迪逊与门罗后来跟着杰斐逊一起进了白宫。肖特是威廉玛丽学院的学生，杰斐逊曾经举荐他为国会议员，并安排他去往巴黎担任他的私人秘书。

1784年在安纳波利斯参加国会开会的6个月，是杰斐逊自从念大学以来第一次离家如此长的时间，虽然有麦迪逊等三个人和杰斐逊做伴，但即使这样也弥补不了杰斐逊对去世妻子的思念，他不断忧郁，后来转成发烧、头痛，杰斐逊感觉自己又不能正常工作了。就是在这样的情况下，在这6个月里杰斐逊一共起草了31个重要的文件。

就在杰斐逊停留在安纳波利斯的时段，华盛顿正式从大元帅的职位上退了下来，而在国会上华盛顿的告别演说词，就是出自杰斐逊的手笔。

在会议期间，杰斐逊做了几件重要的事情：设法阻止一项复杂的货币法案的通过；说服国会通过十进制的货币制度，并以元为标准的单位；订定治理西部地方的法律，并立下法规，规定新州的成立必须是共和的形式，要有普及的投票权，并且必须向联邦政府纳税。为了使整个大陆能够有秩序地发展，杰斐逊率先献出了弗吉尼亚的一大部分地方，以便利全美国的规划使用。

同时，杰斐逊还进一步提倡以前的建议，他计划在1800年之后任何新建的州里，都不得有奴隶制度，也不得有非自愿的服役。如果想通过这项立法，杰斐逊就必须要获7票才行。不幸的是本来打算投赞成票的新泽西代表约翰·比提因为生病没能出席，杰斐逊只获得了6票，原案没有通过。如果当时的立法能够成功，奴隶制度早就应该销声匿迹了。杰斐逊只能眼看着奴隶制度蔓延到了美国的西南部，不禁捶胸顿足，埋怨老天的不公。

1784年7月5日，杰斐逊与12岁的女儿玛莎登上了赛尔号邮轮赶往巴黎。杰斐逊在船上为了增进自己的西班牙文能力，阅读了《堂吉诃德》的原文，并和朋友喝掉了他小心翼翼装上船去的四打酒。他观看塘鹅、海燕、海鸥掠近水面，垂钓鲔鱼，并观看鲨鱼和鲸鱼在海中游动。

这次旅行对于杰斐逊来说，不论就哪一方面都是一种解脱。旅行使杰斐逊从狭隘的观念中走出来，不再认为美国式的生活就高于一切，同时也改正了他对大城市的偏见。这次旅行也扩大了他对国际间财务与贸易情况的了解，并使他对于国力的来源与性质有了更敏锐的认知。不过最重要的是旅行把他从亡妻玛莎的束缚中解放了出来。在巴黎，杰斐逊认为，世界是属于活着的人的，死去的人不应对它再有任何的影响力。而就在这时候，杰斐逊小心筑起的感情堤坝，在抵达勒哈夫的时候，被突来的洪流冲垮了。感情的洪流夹杂着爱情和他对法国的乡间、艺术家、科学家，乃至法国皇帝路易十六的热爱，最终倾泻而下。杰斐逊从没有想到过在法国会一待就是五年。

来到欧洲最奢华的宫廷里的杰斐逊，立即就发现自己的服饰非常寒酸，要等女儿的胸衣、外套、帽子、鞋子都购置齐全后，他才许女儿出门。尽管巴黎的艺术、建筑、音乐深深地吸引着他，他依然因为想家而难过了一阵子。等到冬天来临的时候，杰斐逊还病了六个星期。杰斐逊为女儿选择了一所修道院学校就读。在去学校的第一个月里，为了安慰女儿，杰斐逊每天都到学校去看她，帮助她适应新环境。

在刚刚抵达法国的前几个月中，杰斐逊对这里十分不适应，他很依赖约翰·亚当斯一家人。约翰的妻子阿比盖尔，在杰斐逊抵达法国之后一星期也来到了巴黎。杰斐逊从来都没有见过像她这样充满智慧，而且言谈举止都十分开朗活泼的女性，因此对于她的许多建议和忠告，杰斐逊都衷心地接受，记在心里。约翰的妻子帮助杰斐逊一家选购衣服、盘子、桌巾、床单、银器、帐帏等物件，因为在巴黎人的眼中，不合时尚要比以本来的面目见人罪过更为深重。

1785 年 1 月，美国政坛的好友拉法耶特给杰斐逊带来了两封信，告诉杰斐逊说，他留在弗吉尼亚的最小的女儿已经在去年的 10 月因为百日咳而去世了。杰斐逊听到这个消息，又是痛苦不已，伤心过度。

1785 年 5 月，他得到消息说自己马上要接替富兰克林出任驻法大使，于是决定派人去把女儿波丽接到法国。波丽已经有六岁了，杰斐逊明白如果不赶紧把她接来一起生活，她以后就要永远称抚养她的弗朗西斯与伊丽莎白·埃普斯两人为父母了。1787 年 5 月，埃普斯一家终于连哄带骗地将波丽送上了开往法国的船。

1785 年，随着春天的来临，杰斐逊的健康形势也有所好转，忧郁的心情也逐渐退去了。可是在这一年的春天和夏天，杰斐逊对他远在美国的亲戚和朋友感到十分气愤，因为他们都很长时间不写信给他。杰斐逊在这一年的 5 月 2 日写给威廉·肖特的信上埋怨地说："我还当门罗是已经死了呢！"当时由于女儿波丽还没有过来一起住，杰斐逊就恳求埃普斯多写些信来告诉他波丽的事情。

富兰克林在欧洲是最出风头的美国人，但是这并不代表杰斐逊就很差。因为杰斐逊是《独立宣言》的起草人，因此他在法国也是很有知名度的人物，再加上他倡议宗教自由，更使他在这个地方几乎成了家喻户晓的名人。

拉法耶特是杰斐逊最要好的一个贵族朋友，他也认为杰斐逊人很随和而潇洒，而且博学、正义、智慧，因此受到全法国人的敬爱。于是杰斐逊很快地便与当地的王公贵族和各国的外交人员打成了一片。不过杰斐逊也有着很高尚的情操，所以他想尽办法结交一些科学家、哲学家、艺术家和音乐家的朋友，以此来不断地鼓励自己。

作为一名外交家，杰斐逊从来不拘泥于形式，他想象丰富、足智多谋而又坚忍卓绝，他聪慧敏锐，比旧大陆上的那些政客们强百倍。他写了一篇关于捕鲸的详细报告，并且为美国的鲸油重开了法国市场。最重要的贡献就是杰斐逊与约翰·亚当斯共同与荷兰的银行业者洽谈，使得年轻的美国得以偿付国债，保持了良好的借贷信用。此外杰斐逊还与法国著名的自然科学家一起吃饭，并且不惜花费很多的钱从美国运来各种鹿的外皮和骨骼，并向他证明美洲大陆的哺乳动物体型都很大。杰斐逊还私下里让法国著名的雕塑家给他做半身雕像。就这样，杰斐逊在法国的名流显要的上层社会与他们打成一片，成为他们敬佩和爱慕的对象。

时间就这样过去了一段日子，而杰斐逊越来越厌恶君主制度。杰斐逊曾经去伦敦觐见过英国国王乔治三世，但是国王很没礼貌地故意转过背去不理他，这使得杰斐逊十分气愤。本来杰斐逊对法国的皇帝很是赞赏，但是后来才觉得国王只知道打猎和喝酒，对于政事也不管不顾。法国的女人参与政事，让杰斐逊开了眼界，开始的时候他并没有反对，但是当他看到法国的王后肆无忌惮地越俎代庖的时候，对这种现象感到十分厌恶。

1785 年 10 月，杰斐逊写信给后辈以警示，他说，他不鼓励美国的青少年来欧洲接受教育，因为很可能会不受到任何阻碍，自由自在凭着本性而失去方向感，可能会因为感情发生纠葛，终日纠扯不清，毁了自己的快乐，也最终会毁了别人的快乐，而且终日都只想着艳丽的衣服和首饰。

对于情感的纠葛这方面，杰斐逊果然是观察很仔细，不过，后来他自己的抵抗能力也越来越低了。杰斐逊认为，任意由着人欲横流，一味追求身体的享受，只能得到片刻的刺激，但只会换来时时刻刻无穷无尽的不安与痛苦。可是，在他周围的人，都在这样做，也都这样活着。而此时已经厌倦了情感纠葛的杰斐逊，也已经在长期的渴盼中走向成熟了。

理智与情感的争斗

杰斐逊与玛丽亚·科斯韦邂逅的地方，是最不浪漫的地方。那个地方叫哈勒奥布莱兹，是巴黎的一个谷物市场，那里面挤满了农人和商人，时不时散发着干草、亚麻和大麦的味道，不过在当时却算是名胜之一。

哈勒奥布莱兹这个地方之所以很出名，是因为这个地方有个很大的圆顶，直径大概有 40 米，用木梁搭建的，阳光可以射进来。如果不是在一个年轻的美国艺术家的极力推荐并且告诉杰斐逊会有两个陪客做伴，杰斐逊也许一辈子都不会去那里。这两个陪客是来自伦敦的两位艺术家。结果杰斐逊就看到了世界上最美丽的事物，不过这最美丽的事物不是谷物市场里的什么景色，而是玛丽亚。

玛丽亚·路易莎·科斯韦，是个柔弱且楚楚动人，而又十分女性化的女人，她有着晶莹而泛蓝的大眼睛、细嫩光滑的皮肤和那闪着金光的鬈发。她的父母虽然是英国人，但因为出生和接受教育都在意大利的佛罗伦萨，所以说起话来带有意大利口音。玛丽亚的丈夫44岁，与杰斐逊年纪相仿，尽管人们都嘲笑他，说他的嘴脸像猴子，但是在他的自画像里却是个十分清秀的人。玛丽亚是因为母亲的钱用光了，才不得不下嫁给她丈夫的。

玛丽亚在父亲死后本来想进入修道院，但是没有获得母亲的同意。来到伦敦后，她的绘画以及温雅淳朴的举止得到每个人的喜爱，她曾经和一个作曲家订过婚，但是后来她的丈夫理查德·科斯韦花2800镑买下了她，并答应照顾她的母亲直到去世为止。

结婚之后，丈夫理查德·科斯韦平日多指导她英文和绘画技巧，让她成为了家中最好的“装饰品”。婚后的几年里，玛丽亚由于在上流社会多才多艺，她的声名四起。有一阵子人们所谈的只有玛丽亚的年轻与才华，甚至还有很多人专程坐马车慕名而来，而且还想让她画画。后来丈夫理查德·科斯韦还特别安排，让妻子的画在艺术学院展出。

理查德·科斯韦藏有许多欧洲的名画、外国的家具和不少奇珍异物，伦敦上层社会有钱的人经常过来照顾他的生意。

要是有人仅仅用一下午的时间就可以坠入爱河，那这人就是杰斐逊了。他推辞掉别人的晚餐邀约，却和理查德·科斯韦夫妇一起吃晚餐、逛画廊、看喷泉、赏烟火。临分手之时，杰斐逊听说玛丽亚会弹竖琴和大键琴，自己也还舍不得说再见，就又带他们去一个朋友的家里听那家的人演奏竖琴，到了半夜才分别。早上起来的时候杰斐逊回顾昨晚的情景，他觉得真是回味无穷。

在杰斐逊眼中，玛丽亚就像玛莎·威利斯一样，细致而十足的女性化，而且两人都能演奏乐器；更重要的是，她好像是一只娇弱的蝴蝶，陷进一张巨大的网里，急需自己前去救援。据说，玛丽亚的母亲在她之前曾育五名子女，但有四个都不明不白地在晚上死了。她父亲认为一定有人在搞鬼，所以玛丽亚出世后，便请了一个女教师来监视照顾婴儿的保姆。结果发现一名女仆对着玛丽亚自言自语地说："我已经送了四个上天国去了，我希望把你也送去。"父母终于找到凶手，并将她绳之以法，就这样，玛丽亚的命才被救了回来。别人眼中的玛丽亚，除了漂亮、有音乐天赋之外，还很有野心、很骄傲，可是杰斐逊眼中的玛丽亚就只有音乐、谦逊、美丽和女性的温柔。

后来，杰斐逊与玛丽亚还有她的丈夫以及另一位年长的学者，四个人一道去卢浮宫、凡尔赛宫等地去参观艺术品，玛丽亚和她的丈夫还把杰斐逊介绍给一些艺术家认识，其中包括后来为他塑胸像的雕刻家。当玛丽亚的丈夫理查德·科斯韦开始为一位公爵夫人画画像的时候，杰斐逊与玛丽亚就开始单独会面了。杰斐逊每天晚上和每天下午有一段时间都是自由的，他和玛丽亚游览过许多的风景胜地，如努伊利港、塞纳－马恩省河沿岸的山丘、国王的御花园等，每样事物都美不胜收！

在这一段时间里，杰斐逊总显得人逢喜事精神爽的样子。同时，他还开始阅读并抄写情诗，表面上说是研究诗的节拍、押韵，骨子里却是抒发自己的心境。等这些诗的编纂将近完成的时候，玛丽亚将要回伦敦了，于是，杰斐逊又感觉很忧郁。

玛丽亚从一开始便感觉到杰斐逊亡妻的压力，曾经劝过杰斐逊，要他不必苦苦独守着一个已经死去了的女人。杰斐逊已经深陷于爱河之中，而这也成为了他一生当中最值得回忆的经历之一。

1786 年 9 月 18 日，大约初次见面后第六个星期，杰斐逊与玛丽亚在路易十五王宫的西边，沿着塞纳—马恩省河散步。杰斐逊想跳过一道篱笆捡回被风吹落的围巾，结果重重地摔了一跤，右手腕骨因此脱臼。手腕虽然坏了不能给玛丽亚写信，但杰斐逊仍然忍着他的手痛与玛丽亚会面。

10 月 5 日玛丽亚的丈夫决定明天就动身回伦敦。得到消息后，杰斐逊整夜辗转反侧，不能入睡，更不能好好歇息。脱臼的手腕也越来越严重。第二天，杰斐逊请了医生过来看病，因为无法与玛丽亚当面道别，他只能费力地用左手写了张小字条派人送去，其中提到夜里不能安然入睡，并说那天如果不走，就务必要告诉他。

科斯韦夫妇果然又多停留了一天，杰斐逊不只跑去说再见，甚至还陪他们走了一段长路。除了他，另外还有一个爱慕玛丽亚的老学者。在作别以后，杰斐逊感到虽生犹死，他们两个难兄难弟爬上了一辆拥挤的马车，便在车上彼此安慰起来。等到手腕稍微痊愈了，杰斐逊便立刻动手写了一封大情书，那就是著名的《头与心的对话》。

后来，杰斐逊依然继续写信给玛丽亚，1787 年两人还共度了一个秋天。

《头与心的对话》就像一扇窗户一样，让我们看到了杰斐逊一些内在的生活。杰斐逊写这封信时，情绪十分恶劣，身体上还带着相当的痛楚，他的手腕一直就没能完全复原，手指也肿了一年多，且部分肌肉永远萎缩了。后来，他的右手真正残疾了，让他一生一世想起这段时间的意乱情迷。

《头与心的对话》是杰斐逊情书里的第一封，也是最长最纠绕缠结的一封。这篇情书其实是他对自己的审视，是他的一幅自画像，画的是一个深受折磨的人，在他体内真理与理智、感情与激情相争相战，这篇情诗同时也是一种强烈情感的宣泄。再度恋爱，不只给他带来了爱的狂喜，也带来了自我认知的狂喜，使他觉得必须与玛丽亚共享。而且杰斐逊对妻子死后自己的生活方式也加以嘲讽。

杰斐逊花了几天的时间写这封信，正要打算邮寄的时候朋友却寄来了一封信。他是从德国回来的途中，遇见科斯韦夫妇。说科斯韦获知他伤了手腕，就写信问候他，信的最后还加了玛丽亚的四行附语。杰斐逊收到信后，看到信末的签名，以为整封信都是玛丽亚写的，心里真是快乐极了，不过后来才发现不是她写的，不禁有点恼羞成怒地抱怨说："我是准备好要吃一顿大餐的，结果只有四行而不是四页……证明你想我只想一点点，不过一点点总比没有好。"

11 月 19 日，杰斐逊第一次用右手写信，问她还来不来巴黎。12 月 24 日继续给她写信，催促她安排日程。而玛丽亚一再地把去巴黎的日子拖延，听她的语气是要等到夏天才会再来。于是杰斐逊到意大利去了一趟，为的是看看玛丽亚的出生地……

杰斐逊的另一段恋曲也是耐人寻味的。

1787 年 6 月 26 日，阿比盖尔·亚当斯看见了杰斐逊 8 岁的小女儿波丽，使她大感意外的是，陪伴波丽渡过大西洋来到法国的，竟然不是中年女奴，而是一个十多岁，十分姣美的女孩——萨莉·赫明斯。

她在蒙特沙罗被称为"活泼的萨莉",她的肤色几近全白，非常美丽，留着长而直的头发在背后。本来，杰斐逊打算是要弗朗西斯·埃普斯找个"心细的黑婆子"伊莎贝尔来伴护女儿的，而且只要在随便哪个港口把女儿放下就行，他自己可以去接她，伴护就可以直接回弗吉尼亚去。但是伊莎贝尔随时都会临盆，所以就改由这个 14 岁大的黑白混血儿来送。

杰斐逊的好友亚当斯一家人本来希望杰斐逊亲自去接波丽的，可是他却派了个法国仆人过去，说是公事繁忙分不开身，其实却是日日苦候着玛丽亚·科斯韦再度到巴黎来。

而萨莉虽仅 14 岁，却出落得像十五六岁，她的到来，带来了杰斐逊清新纯真的过去，那无拘无束的童年，那与众多黑人小孩嬉戏的情景马上都呈现到眼前。同时萨莉也给他带来了他所渴望知道的家乡的大小事情。在巴黎住了五年，他给姐姐玛丽只写过一封信,说他今生最快乐的事就是回家，他觉得人越老，就越喜爱自己最先喜爱的地方。在给朋友的信上，他也明白地表示，希望能够终老蒙特沙罗。

1787 年夏末，杰斐逊得知玛丽亚·科斯韦将只身前来法国，他感到十分彷徨和迷惘。因为杰斐逊不久就发现了，法国和美国在夫妻之间与社会的标准上是截然不同的，他了解到，在巴黎做玛丽亚的护花使者是一回事，留下她丈夫，与她在美国乱跑又是另一回事。因为这违反了美国的道德尺度。

1787 年 8 月 28 日，玛丽亚·科斯韦来到巴黎，由于她忌惮丈夫生气与教会的谴责，住进了鲁波默姬公主的别墅，那里离杰斐逊的官邸有很远的距离。在人们看来，玛丽亚回到巴黎是来拓展自己的绘画事业的,她很快就有了一群跟班，常常簇拥着她去看画展什么的，表面上一切都很谨慎小心。可是到了 12 月，玛丽亚回到伦敦去以后，杰斐逊却写信给她开始埋怨，说是见她见得太少。而事实上，这年的秋天，他们见面的次数并不少，然而双方所感受到的，并不是爱的圆满，也不是对爱的厌烦，而是来自自我内心的挣扎。

玛丽亚更是在内心挣扎与徘徊着，而且她还是个虔诚的天主教徒，从来就对上帝敬畏有加，因此难免对自己扮演的这个逃妻角色越来越感到惶惑不安。玛丽亚来到伦敦以后的11个星期，她总是避免与杰斐逊单独会面，杰斐逊的两个女儿除周末以外，天天都在修道院的学校里，她们都见过玛丽亚，一定可以察觉出父亲对这段感情的认真。

9月初，杰斐逊在卡维尔山的隐居处租了一间房子。那边的僧侣们种葡萄、织袜子、清理房间，想要清静独处，沉思默想的人就可以上这儿来。他可能在那里苦心思考与挣扎，自己该何去何从。

12月6日，玛丽亚在巴黎的最后一晚是和杰斐逊在一起的。杰斐逊答应她共进最后的早餐,并且送她一程。但是，事情突然有了变化，玛丽亚说自己困惑且苦恼，因此当晚早早就走了，没跟任何人说再见，只给杰斐逊留了张冰冷的小字条，上面说不能和他共进早餐了。而且还感谢他的殷勤有礼。在玛丽亚停留巴黎的最后几个星期里，杰斐逊就已经感觉到了微妙的变化，心里已经受了伤，最后的失约更让他十分生气。

玛丽亚寻找的似乎只是父爱，而不是一个真正的爱人，而这个角色杰斐逊不肯扮演。她在巴黎留给杰斐逊的告别字条上，明显地是在生气，因为杰斐逊让朋友全权处理替他画像的事，却没让她为他画。她需要杰斐逊的赞赏与情爱，却又做不了他的爱人，所以当杰斐逊不把玛丽亚的艺术看作一回事的时候，玛丽亚就彻底绝望了。

后来，玛丽亚请求杰斐逊的朋友画张杰斐逊的像给她。这画她一直珍藏到去世，后来这张画留在意大利洛迪的女子修道院学校里。而这学校就是她创建的。在那里，她还保存着杰斐逊给她丈夫的一封信的信封，上面画着两幅闷闷不乐的女性脸孔，其中之一似乎是关禁在柱子里，很像女像雕柱，可是整体的印象，却使人觉得它不像是支柱，而是一种悲哀无奈的囚禁。

玛丽亚知道她和杰斐逊的关系铁定是完了，1787 年圣诞节的时候她写了张埋怨的短信给杰斐逊，只要把她摆在心中的一角，她就很快乐了。然而玛丽亚一直没收到回信，这应该代表，她真的是已经完全失去杰斐逊的心了。

1788 年 1 月 31 日，杰斐逊终于给她回了信，信里怪她不辞而别，并解释迟迟不写信是因为找不到可以信托的人而且又不信任邮局的原因。之后，杰斐逊又有三个月没再写信给她。以后杰斐逊虽然仍然偶尔给玛丽亚写信，可是在已经逐渐拉长距离的时候,终于让彼此都完全失去了再见的信心。

在法国最后的生活

萨莉 · 赫明斯在巴黎停留的 26 个月的期间内，与杰斐逊相爱。但是后来杰斐逊想把她带回弗吉尼亚之时，她却拒绝了。因为萨莉认为她在法国是很自由的,而如果回去的话，她又会沦为奴隶。为了让她跟自己一起回去，杰斐逊立下誓言说，让她的孩子们在满 20 岁时就可以自由，后来她才勉强跟杰斐逊一起回到弗吉尼亚。

萨莉出生于 1773 年，刚刚到达法国的时候，年纪在十四五岁，回到弗吉尼亚时，已经是十六七岁了。1787 年杰斐逊向自己爱慕的女人玛丽亚道别的时候，他变得满脑子犯罪和悔过的思想。他感到十分困惑，同时也很愤怒，虽然多少有了些醒悟，但是还是不能马上就停止这种想法。

1788 年 3、4 月之间，杰斐逊前往荷兰公干，协商贷款的事情，沿途游历法国的东部和德国等地，前后花费了七个星期，对于所见所闻大致都加以记载，长达 25 页，让人觉着特别的是，他在描写乡间的景况上，经常提到“摩拉多”(mulatto,黑白混血儿之意,另有一解为黄褐色)这个词。可见，萨莉这时已经成为杰斐逊魂牵梦萦、朝思暮想的人了。

1788 年 4 月 23 日，杰斐逊回到伦敦，收到了玛丽亚愤怒而又痛苦的信，责怪他三个月没有写信给她。杰斐逊的回信只简短地叙述了一下他的德国之旅。

1787 年 11 月 6 日，杰斐逊花了 240 法郎让萨莉种牛痘，这是一笔大的数目。萨莉抵达后不久，杰斐逊又请了一个法文的家教，除了教导萨莉的哥哥詹姆斯以外，一定也还指导萨莉的。1788 年 1 月，杰斐逊开始发薪水给这名小女奴，每月 24 法郎，外加 12 法郎的过年礼金，所以这个月里她共得了 36 法郎，不过要到 1788 年以后，她才按月收到工资。

法国仆人每月也就只有 50 到 60 法郎。

1789 年 4 月 29 日，杰斐逊的账本上有一项记载很奇怪——“付给杜普雷及萨莉五星期的膳宿费 105 法郎，洗衣费等 41.9 法郎，共 146.9 法郎。”这就说明，很可能杰斐逊到荷兰和德国去的时候，特别把萨莉安排在一家可信赖的法国人家里去住，免得在官邸受法国佣人的欺侮。1789 年的 4 月里，杰斐逊开始花钱帮萨莉买衣服。虽然玛莎的衣服费用多过她好多倍，可是在七个星期之内，萨莉就花了 216 法郎再加上每月 24 法郎的薪水，这是相当大的一笔花费。

萨莉和哥哥詹姆斯·赫明斯两人都知道，他们如果想要选择自由，一定可以得到。因为现在这里是法国，就算以杰斐逊外交使节的地位，也不能强迫让他们当奴隶。而杰斐逊虽然理论上主张解放奴隶，可是对自己的奴隶却有强烈的占有欲。当教友派在弗吉尼亚州试验，让奴主们释放黑奴，然后再行雇用时，他显得毫不热心，认为这无疑是抛弃了自己的孩子。但是詹姆斯·赫明斯与妹妹萨莉这两个奴隶都在学法文，而且都认为自己已经是自由身，也想成为自由的人，而且詹姆斯还学会了法式烹调，可以很轻易地就在巴黎赚钱谋生，释放他绝不是抛弃孩子。杰斐逊所以没有释放他们兄妹俩，是因为杰斐逊有着很强的占有欲，给他们自由就等于失去了他们。后来由于詹姆斯也不想回美国，杰斐逊只好答应只要教会了蒙特沙罗的人烹调法国菜，就让他自由。虽然杰斐逊信守了诺言，但已经是七年以后的事了，而萨莉一生一世都没能被他释放。

1787 年 5 月 3 日，杰斐逊的大女儿玛莎在给他的信上写说:“我全心全意地希望能把全部可怜的黑奴都给放了。”她已经不再是个小孩子了。更为厉害的是,1788 年有段时候，女儿玛莎竟然出家当修女，这让杰斐逊十分吃惊而又狼狈。当时流行于法国社会里的那种大胆放肆的各种乌烟瘴气，让玛莎这个热诚、认真而且本性虔敬的女孩感到十分厌恶。杰斐逊在收到女儿的这封信的第二天就乘着马车赶到修道院的学校，同修道院院长沟通了之后，把女儿玛莎接回了家，女儿玛莎的学校生活就此结束。

1789 年 4 月初杰斐逊在萨莉身上花了服装费大约 200 法郎。5 月杰斐逊曾经去过过去和玛丽亚·科斯韦一起去过的“沙漠”花园，除了为女儿买表、买戒指以外，似乎也给萨莉买过项链坠子。1789 年秋天，萨莉·赫明斯怀孕的事实再也掩饰不住了。不过杰斐逊对此也是像玛莎要当修女一样绝口不提。

杰斐逊为了怕女儿会改信天主教，于是在 1788 年 9 月申请休假，要在第二年带女儿们回家，并安排她们上学的事宜，然后自己再回法国。1788 年，法国的革命情绪升高，这对杰斐逊来说，是一种越来越使他感到兴奋和刺激的政治经历。他热诚地而又秘密地参与革命活动，和拉法耶特共同讨论研究一些重要的文件,他希望革命能以理性的方式进行，尽量避免动乱。

1785 年时的杰斐逊，还以和聪慧敏锐的阿比盖尔·亚当斯辩论作为乐趣，并且聆听一些活跃于政界的妇女们的言论，对她们极为赞赏，可是当时所歌颂的却是完全属于家庭的妇女，她们活着只是为了照顾好自己的家庭而已。过去他曾忠实地随着玛丽亚走过一个个的画廊，订购过一幅幅画、一座座的雕像，现在杰斐逊也没有心情去看了。

1788 年杰斐逊在为美国人写的一篇《欧游指南》里面，劝国人研究农业、园艺、建筑和政治。他还把从政的女人比喻为善战的亚马逊族女人，而温柔贤淑的家庭妇女是天使，虽然家庭妇女也是天使，但是也只是个堕落的天使，是为社会所不容许的。

在 1786 年和 1787 年的时候，杰斐逊至少可以把对玛丽亚的爱向自己认为很安全的小圈子里的人倾诉，如亚当斯、威廉·肖特等人，而等到了 1788 年，萨莉与自己的爱情也许不能真正跟他们去诉说了。

1788 年法国因为农田里的收成太差，造成巴黎的面包严重短缺，于是那里的工人发生暴乱，最后终于在 7 月 14 日攻下了巴士底监狱。当法国到处充满着革命的狂热时，杰斐逊在巴黎也成了英雄人物，是法国人眼中的法国宫廷里声誉最好的大使。他帮着拉法耶特起草《人权宣言》，在 7 月 11 日呈给国会。在做这件事情的时候，杰斐逊是满怀兴奋和狂热而参与的。他本来就希望以和平的方式达成君主立宪，让国王给予人民各方面的自由，并且对民事诉讼减少军事的干预，并且希望将这种呼声带到本国。

后来，国会批准了杰斐逊的假，让他回国。玛丽亚·科斯韦听说他要回美国去，便写信来请他顺路到英国去看她，而杰斐逊以幽默诙谐的话拒绝了她的要求。

杰斐逊在离开法国之前的六个星期，得到消息说他可能再不会回巴黎了。而在国内，华盛顿对杰斐逊又有重任。

9月初，杰斐逊终于把要带的、要留下的都列了一张清单，打算举家搬回美国。9月2日，杰斐逊再度病倒，他的头疼病又犯了，这是他踏上法国土地以来第一次发作，一共持续了六天，这可能是因为他觉得他就要失去欧洲的一切了吧！

在杰斐逊生病的这几天里，他悟出了一个道理——世界是属于活着的人的。杰斐逊认为没有哪个国家可以有权制定义务来约束新的一代，并建议永久立法，规定新法律、新宪法或经济和约的草订，不得超过一代人那么久。杰斐逊对于一代人的定义为19年。而后人也都认为这是全部杰斐逊思想当中最具创意而又最激进的。

谁都会认为杰斐逊有权可以照自己的意思支配自己，而且因为这种权利而一直都在挣扎着。那么杰斐逊为什么选择19年，而不是18年或20年或者更长的时间作为一代人的定义呢？这或许是因为从他遇到玛莎到爱上玛莎以来直到1789年，这期间正好是19年吧！

归国之后

1789 年，当杰斐逊返回到美国之后，突然觉得自己似乎成为了外国人了。美国完全不一样了，而人们的思想更是不一样了，还有美国的习惯、礼俗也不一样，就连做生意的方式也不一样了。但是弗吉尼亚的城镇还是很落后，道路仍旧跟之前那么差。

在杰斐逊将要抵达弗吉尼亚的时候，海峡外一阵风暴把他所乘的那条船的中桅帆刮断了，然后一条从港内开出的船又差点把杰斐逊乘坐的船撞沉，后来他们登岸之后船又着火了，杰斐逊所有的行李、公文等都还留在船上。经过一番努力救火之后，船还是被烧毁了一半，不过幸好杰斐逊的东西都被抢救出来了。

1789 年圣诞节前夕，杰斐逊与女儿们终于乘着马车回到了蒙特沙罗。各地农场上的黑奴们得到消息之后，准备在杰斐逊回来的时候聚集在一起欢迎这位英雄。

当马车开始爬上蒙特沙罗的时候，大群的奴隶们团团围住了马车，又叫又笑，最后干脆拉住马车，解开了马，也不管杰斐逊答不答应，黑奴们一起拉着马车，走完了最后的一段路程。

当马车门打开之后，黑奴们把杰斐逊抬出来，一路抬到家门前，围着他，甚至想要亲吻他，对他十分感激，有的甚至喜极而泣。和杰斐逊一家人乘坐马车来的还有萨莉·赫明斯，驾车的就是她哥哥詹姆斯。四年后，萨莉的另一个哥哥罗勃被释放了，詹姆斯也在六年之后获得自由，可是杰斐逊并未释放她，似乎她也没有这么要求过。

回到美国之后，杰斐逊更加小心谨慎了，他不再随意地把为萨莉买衣服的花费记在账本上，但是每离开一阵子再回到蒙特沙罗的时候，账本上却出现许多小额的赏钱。而萨莉一生的职责，直到杰斐逊去世之前，一直都是照料他的寝室和衣橱，照顾他们之后生的孩子，以及做些缝缝补补之类的轻活。

1790 年萨莉的长子出世了。而 17 岁的女儿玛莎于回国后三个月，就很快地与小托马斯·曼·伦道夫结婚了。他就是吐卡霍那个杰斐逊童年时曾与他一起生活过的伦道夫的儿子。伦道夫像杰斐逊一样长得人高马大,也是一个绝佳的骑士。他谈论问题的时候总是口若悬河的，而且可以感觉得出他的聪敏与各方面的才艺。他曾在爱丁堡大学就读一年，杰斐逊也在自传中称他是个“青年才俊，有着科学而高贵的心灵”。

玛莎结婚后，杰斐逊从纽约给她写了一封信说现在心里可以感到十分安慰了。但是玛莎说结婚后自己并不快活。婚后五个月的时候，玛莎的公公打算娶个不到 20 岁的少女做后娘。因为与杰斐逊自身的情况极其相似，所以杰斐逊为老人辩护说，他结婚是应该的，老人的快乐全赖有人做伴，他总不能孤单地自己过活。杰斐逊还劝慰自己的女儿说：“每个人,都要看他好的那一面,因为没有一个人是完美无缺的。”后来，女儿玛莎听从了父亲的话，从来在家里都是理智而镇静，从不对仆人大呼小叫，也从不小题大做。

1790 年，4 月 27 日，伦敦的朋友捎来一封信，说玛丽亚怀孕了。收信后的第四天，杰斐逊的头疼病又犯了，这次几乎又持续了六个礼拜。即使是这样，杰斐逊还是强迫自己完成了一篇著名的研究——《重量与量度报告》。

1790 年 6 月，玛丽亚产下一名女婴，却于三个月后抛下了这孩子，与一位意大利歌唱家前来美国。以后有三年半她没有给杰斐逊写信。不过，1794 年丈夫生病的时候，玛丽亚回去照顾他和女儿。后来，当玛丽亚的女儿在 6 岁夭折的时候，玛丽亚出现了精神分裂的征兆。她把孩子的尸体放上防腐的香料，放在客厅的大理石石棺里，见到人就说她有起死回生的能力。后来玛丽亚还是把孩子安葬了，然后只身回到巴黎，想以绘画为业东山再起，但是结果天不遂人愿。后来她又到意大利的洛迪，从当地有钱有势的意大利人手中获得了足够的捐款，开办了一所女子修道院学校。

1790 年至 1791 年间，杰斐逊的头疼病已经成为了习惯病了，不过现在没有之前那么剧烈。后来女儿波丽被带回了费城，住在一所寄宿学校里，现在女儿也有 13 岁了，她的柔婉娇美越来越像母亲玛莎，这给杰斐逊带来了不少的安慰与快乐。

杰斐逊的亲朋好友也都希望杰斐逊能够续弦，但是他却婉言拒绝了，重新过起类似在法国的那种单身生活，他从来都只参加下午 3 点开始的小晚宴。只要到了晚上，他几乎任何人都不接见，即使杰斐逊后来当了总统，他仍然如此严于律己。不过杰斐逊的晚餐从来都是很丰盛，他经常吃法式的菜肴。后来，杰斐逊还把在费城租住的大砖房装饰了一下，配了些法国上好家具，另外还新加了一条长廊用来放书。不过，杰斐逊还是和以前一样，花的多挣的少。后来杰斐逊打算把蒙特沙罗的烟草卖了，这样可以平衡收支。

政坛的明争暗斗

当时，杰斐逊与亚当斯、汉密尔顿以及麦迪逊这四人跟随着华盛顿，给人众星捧月的感觉。后来等到杰斐逊从巴黎孤立了五年之后归来，发现华盛顿最亲密的人的位子完全轮不到自己了，汉密尔顿已经成为华盛顿的心腹和文书助理。不过麦迪逊还是那个一如既往地信任着杰斐逊并为他不时地献计献策，是他最亲密的政坛盟友，也是最热心为他辩护的人。

杰斐逊和亚当斯以及汉密尔顿三人的政治、经济观点总会不同，常常因为治国的方式与国家的经济问题而争论不休，后来他们三个甚至对于基本人性的看法都出现迥异了。以前，他们曾在对抗乔治三世的革命战争中并肩作战，称兄道弟，而现在外在矛盾解决了，华盛顿的“权臣们”也开始为了争宠夺权而相互斗争。

1790 年 5 月，华盛顿感染了肺炎，正在死亡的边缘挣扎，虽然杰斐逊说他已经度过危险期，正在继续康复中，他们现在已经从完全绝望的状态中转为充满希望。当然，有些话是说给别人听的，杰斐逊的绝望也是真的。尽管在法国的时候对亚当斯很有好感，但他也绝不会眼看着副总统的亚当斯取代华盛顿的地位。而汉密尔顿在此时却猜忌的不是亚当斯，是杰斐逊自己。

不光是华盛顿，任何政治圈内的人都应该明白，总统的继任问题是整个国家安定与否的一项重大测验。在第一任任期届满的时候，华盛顿因为年事已高、体力衰退而不能再继任下一届总统，到 1792 年的秋天，每个有希望的继任候选人都开始爆发激烈的冲突和斗争，甚至于最后都公开对阵叫骂了。

杰斐逊与亚当斯首先冲突了起来。此时杰斐逊担任美国国务卿还未满 15 个月。身为副总统的亚当斯，匿名写了一系列的文章，讨论美国的政治历史，并在 1790 年发表于《美国公报》之上。杰斐逊看后马上就认出了作者是亚当斯。让杰斐逊感觉紧张的是亚当斯认为总统人选不应以竞争的方式产生，害怕分散国人的注意力与感情以至于发生内战。但是杰斐逊和麦迪逊却认为选举制度下，党派分立是必要的。

不过，这并不是真正点燃两人反目成仇的导火索。真正让两人感情恶化的是亚当斯不断地指责和嘲讽法国革命，尤其是他与埃德蒙·伯克在国会上发表的演说，竟然说拉法耶特的《人权宣言》是向无政府主义看齐。杰斐逊认为这是赤裸裸地对自己的人身攻击。但是杰斐逊知道自己不适合公开为法国当时的情况辩解，只有鼓励拥护法国革命的文章在反联邦主义的报纸上发表。后来麦迪逊送来一份杰斐逊的朋友托马斯·潘恩火爆的答辩，他立刻派人去印刷，并且另附上了一张小字条表示推荐。没想到印刷的人在没有得到杰斐逊同意的情况下，竟然擅自将字条上的词印成前言，于是这事情被传得沸沸扬扬，说国务卿公开攻击副总统，这让杰斐逊十分困窘，也只好向华盛顿写信去解释，但只是越描越黑。

虽然亚当斯也向公众坦言二人之间有着 15 年的深厚友谊,但是他还是主张“共和政府中应有君主政体的原则存在”的观点。杰斐逊后来在 1793 年 12 月正式宣布退隐，亚当斯只是认为他当时在要政治手段而已。

不过，杰斐逊还是在费城停留到了 1794 年 1 月 5 日。一方面华盛顿此时还需要他，另一方面是他跟汉密尔顿也争斗得十分激烈。杰斐逊这时已经 50 岁了，而汉密尔顿却只有 36 岁。汉密尔顿十分聪慧，而且锋芒毕露，还有着很令人骄傲的从军纪录，政治前途一片光明，身为财务部长，他的权力是华盛顿一人之下，万人之上。

杰斐逊在担任国务卿一职的时候，发现汉密尔顿简直就像首领一样，对其他人呼来喝去，总是不停地发号施令，在各方面都要干涉，但是从来没有道歉的意思，这包括外交在内。汉密尔顿为恢复国家的借贷信誉，设有专款制度，可是杰斐逊从来不相信这一套。

1789 年，曾是助理财务部长的威廉·杜尔，是汉密尔顿妻子的表亲，亏空了公款 238000 元，1792 年被拘捕入狱，杰斐逊和许多共和党员的反联邦主义人士都觉得是汉密尔顿泄露了财务机密，方便了威廉也方便了自己。由于杰斐逊对汉密尔顿的行为很气愤，而且害怕他会破坏了共和国，所以他一再拖延归隐的时间。

杰斐逊还鼓励一个很有思想的年轻诗人菲利普·弗烈诺创办了一份共和党报，叫《国报》，开始对汉密尔顿进行一连串的攻击。汉密尔顿也不甘示弱，也以各种笔名在《美国公报》上进行反击，于是展开了 1792 到 1793 年之间的报纸大战。汉密尔顿把国务卿比喻成僵尸和毒蛇，说杰斐逊阴险狡诈，野心勃勃，还说他倡导国家分裂，蔑视国家意义，主张公众混扰和耻辱。后来汉密尔顿决心要把杰斐逊逐出内阁，因此向华盛顿递了一份正式的诉状。而杰斐逊也从蒙特沙罗写了封言辞十分激烈而痛苦的信交给华盛顿，说汉密尔顿总是搅和国务院的事，并且在报纸上对他进行人身攻击，还泄露财务机密给他的亲戚，而且不喜共和政体，却偏爱世袭制度。

华盛顿看到自己内阁里面两个最有才华的人居然对阵攻击，感觉像有深仇大恨似的，他感到很震撼，马上分别写信给两人，让他们停止这样的斗争。

1793 年 10 月初，由于杰斐逊与亚当斯和汉密尔顿三个人之间的极端不和，华盛顿决定再续任一届总统，而不轻易把国家交付给他那些吵嚷不休的后生们。

1792 年 9 月 29 日，汉密尔顿又用笔名写文章攻击杰斐逊，说他骨子里沉迷于酒色，藏在简朴的教友派外衣之下。后来，杰斐逊委派弗吉尼亚州的一个国会议员，提出一系列的议案，要求国会调查汉密尔顿是否有贪赃枉法的事情。

原来，1792 年 11 月，杰斐逊接到密告，说汉密尔顿与一项财务舞弊案有关，由于这件事与他私生活上的不检，他正在遭受一名神秘人的勒索。杰斐逊很是希望借着调查绯闻而抖出汉密尔顿挪用财务基金牟利的罪状的，所以就积极地参与这件事。1792 年 12 月 15 日，三位国会议员带着几封对汉密尔顿不利的信，前去他的办公所在的地方对他质问。汉密尔顿承认了奸情，却否认有财务上的不法勾当。

1793 年年初，杰斐逊草拟了一连串的质询案，其中几项指控汉密尔顿把在欧洲筹得的款项，擅自改变处理方式而不通知国会，还有他在美国银行磋商的一项贷款违反公众利益，最后指责他对众议院的态度狂傲，并操纵市场，是图利投机分子，财务部的账目也不清。对于这次的质询，弗吉尼亚州的国会议员，威廉·布朗区·吉尔斯共提了九大项，对于之前杰斐逊所提的那些，认为罪证不足。吉尔斯在1793年2月27日的国会休会前三天在众议院里提出，认为汉密尔顿如果没有充分时间准备作完整的答复，那么这些丑闻再拖一段时间就会更丑了。没想到汉密尔顿却在两天之内就已经准备妥当，对这些所列的各项指控都进行了答辩，而且反应十分机敏，言语也很诚恳，因此大部分的议员认为汉密尔顿没有罪。

就这样，杰斐逊在这次斗争中再次失利。1793的4月，杰斐逊也有50岁了,最后,他留任国务卿的职位到了12月底。

解甲归田的生活

1794年1月，杰斐逊解甲归田，在蒙特沙罗过上了隐居生活，直到1797年的2月他才离开此地赶往费城去担任副总统，这三年的时光，是杰斐逊一生中最让人捉摸不透的一段时期，很多人认为杰斐逊实在是太累了，而且一直都向往田园生活，但是更有人觉得他只是在耍噱头，故意装出来的。

在这三年之中，萨莉·赫明斯在1795年的10月5日和1796年生了两个女儿。杰斐逊确实在这段时间里把政治完完全全放下了，他隐居后不久就不再订阅报纸，而且对外的通信也大大减少了。杰斐逊觉得田园的生活幽静而又甜美，让人心旷神怡，备感舒适，他的身体也一直处在很健康的状态，而且在权力感上也感到十分满意。在蒙特沙罗，他就是主宰，而且没有任何对手跟他争夺权力，家里的亲人和奴隶们也总会把关爱和崇敬倾注在他一个人身上。

在他刚刚退隐的时候，女儿玛莎和丈夫由于忙于家里的事情只是偶尔会来,朋友们也只在夏天的时候才会过来聚会，所以杰斐逊多半的时间都是跟他的一百多名的黑奴一起生活的。1794 年，好友麦迪逊结婚了，在第二年的春天他带着妻子到蒙特沙罗来拜访杰斐逊，这让他十分欣喜和欣慰。

在杰斐逊归隐的第一年中，他辛勤地在农田工作。为了恢复土壤的肥沃度，杰斐逊设计了一套精密的轮作方法。他建造了一个小型的钉子工厂，年轻的奴隶们每天可以生产一万枚钉子，这给他带来了大量的他所需要的钱。不过后来却碰上来自英国的廉价钉子到美国大量倾销，夺走了他的市场。而在这一年，杰斐逊的《园艺簿》又开始记载了。杰斐逊计划着把自己的 1500 英亩的粗地，变成修整有序的英国乡村风景。

1795 年，杰斐逊收到了两封玛丽亚的来信，这让杰斐逊觉得很意外。不过信中她也没有提什么特别的，只说自己已经回到了英国。后来杰斐逊过了六个多月才回信，说他现在已经完完全全成为了田园的农夫，并说他此时的生活就像伊甸园里的生活。

后来杰斐逊才知道，田里的损失其实根本算不上什么，相比家中的爱与平静的流失，简直就不值一提。玛莎的丈夫伦道夫突然变得很暴躁，而且还经常发脾气。那是1794年的8月，女儿玛莎的丈夫伦道夫不知怎么就患上了一种很奇特的病，他开始不停地去看医生，先是远到波士顿去看，后来又走遍了弗吉尼亚境内的每个角落，还是不见好。杰斐逊知道女婿患的是精神上的病症，但是他又不忍心告诉女儿。伦道夫的很多朋友也都说他是个怪才，是个狂想者，是丰富而荒诞的想象下的牺牲品，而与占有欲极强的亲人一起住，更会加剧他的病情。有一次伦道夫很坦白地告诉杰斐逊说，住在蒙特沙罗使他觉得像寓言里的傻鸟，无法在天鹅群中感到自在。而玛莎总会认为对父亲的爱大于任何情感，这更让她的丈夫越来越觉得自己无能。后来，伦道夫的病情严重了，他们的两个孩子就搬到杰斐逊这边和他一起住，杰斐逊的女儿波丽也帮忙照顾她们。

在这里，虽然杰斐逊总是向亲朋好友说自己的精神愉快，备感轻松，但是他心里却越来越觉得很不舒坦，而且总是闷闷不乐。杰斐逊发现他远离社会人群时间越长，那种逆反社会、仇恨人类的心理就越来越严重。

1795年的夏季，蒙特沙罗一下子没有之前的欢快，整个房子都快成了医院了。因为过来看他的女儿、姐姐、奴隶都病倒了。更让他十分愁闷的是原先的7500元债务，到了

1795 年又增加了 1000 元。这债原来是岳父的，本来已经付给了“弗吉尼亚土地处”，不料 1796 年 3 月 19 日，最高法院的法官却判决，凡是付给“土地处”的债务必须再付一次。

有一次，政坛好友麦迪逊提醒杰斐逊，共和党一定还会提名他继承华盛顿的时候，他写了一封长而严肃的信，说麦迪逊自己应该做候选人才对。事实上杰斐逊虽然痛恨政治，但是仍旧热爱着政治。在他心灵深处所感觉到的不是解放，无拘无束或宁静安详，却是个上了锁链的巨人。

1796 年，杰斐逊开始了很久之前就计划好的改建蒙特沙罗的房屋工程。新的房屋有着八角形的屋顶，是根据巴黎的那个大谷物市场的圆顶的原理而建造的。杰斐逊之所以改建，最大原因是想增加新的卧室，好让女儿、外孙们夏天来度假的时候有足够的地方住。不过，蒙特沙罗的改建，也象征着他政治兴趣的复苏，与重返政坛的准备。

1796 年 6 月，著名的法国学者华尼伯爵来到蒙特沙罗来拜访杰斐逊，并和杰斐逊一起参观了他的农田还有房屋。1793 年，杰斐逊曾经给了萨莉的哥哥詹姆斯·赫明斯一个书面的承诺，答应他只要教会了蒙特沙罗的奴隶做法国菜，就可以让他获得自由。结果哥哥在 1796 年 2 月 5 日得到自由，杰斐逊给了他 30 元当盘缠，詹姆斯·赫明斯也就高高兴兴地走了。

1797 年的弗吉尼亚，由革命而点燃的那种解放的热情，在此时已经慢慢冷却，后来消失得找不到踪迹了，就算仍然有一些小的残留，也因为后来出现了黑人大肆屠杀白人的事件而摧毁殆尽了。1797 年夏天，弗吉尼亚州和整个南方都感到很危险，害怕黑人会揭竿而起，造成动乱。杰斐逊的好友圣乔治·塔克这时送给杰斐逊反奴隶制度的小册子，并且警告说，如果不迅速解放黑奴，很可能会造成黑人与白人的冲突。杰斐逊同意他的看法，认为只要有一点小的骚动，就可能引发大乱。

杰斐逊对于与萨莉·赫明斯的关系此时还是很隐秘，在《农事录》上，她总是隐名的，虽然杰斐逊在奴隶的鱼、肉、毯子、麻布的分配表上，曾经多次提到她，却没有姓。他之所以刻意略去了他们母子的名姓，是出于自然的反应，不愿在书面的记载上承认他们对他是重要的。杰斐逊之所以没有释放萨莉，而萨莉也没有提出请求，是因为放了她就等于失去了她，而萨莉也失去了他，主人虽可与奴隶之间发生爱情而不受社会大众的指责，但与一个自由之身的黑人谈情说爱就全然不同了。因此萨莉如果要求释放，那就意味着，或者像哥哥詹姆斯一样离开杰斐逊，或者准备看着杰斐逊的名誉毁于一旦。这样的矛盾让他十分沮丧，尤其是当玛莎和萨莉两人先后死了孩子的时候。在蒙特沙罗的人，没有人不知萨莉掌管着杰斐逊的卧室和衣橱，而玛莎也从不在杰斐逊的卧室最里面的居室里生活，因为那里是杰斐逊隐秘的地方。

1797 年 12 月 4 日杰斐逊重回费城的时候，萨莉又有了身孕，而且她的孩子也生着病。没过几天，两岁的女儿夭亡了，这使得杰斐逊悲痛不已。

杰斐逊的女儿波丽到1796年已经17岁了，长得十分美丽，虽然追求的人很多，最后她却嫁给杰斐逊不是很欣赏的表哥杰克·埃普斯。婚礼在1797年10月13日，在蒙特沙罗安静地举行，杰斐逊送给新人26个奴隶，若干头马、牛和猪，以及靠近蒙特沙罗附近的大约123英亩的土地。后来，杰斐逊和女儿波丽之间也有信件来往，不过却缺少他和玛莎之间的那种亲密。

1796年12月到1801年2月之间，杰斐逊重返政坛，担任副总统的职务，但是由于当时的政事不是很烦琐，所以杰斐逊在费城只生活了21个月，其余的27个月都是在蒙特沙罗的家中度过的。

人生最辉煌时刻

就在华盛顿宣布了不再继任总统的讲话之时，主动安排让杰斐逊代表共和党竞选总统的不是杰斐逊自己，而是他最好的朋友麦迪逊。

当时选举总统候选人并没有正式的程序，候选人是在党里的预备会议当中产生的。杰斐逊了解这种事情后，没有撤销自己的提名，而是不参加竞选活动。当时的宪法还没有经过第十二项修正案的修正，在那个宪法之下，不同党派的候选人，有分别膺选为总统、副总统的可能，由获得最高票的人胜出，担任总统职位，而第二高的人就担任副总统。联邦党派的约翰·亚当斯一点也不希望杰斐逊成为总统，也不希望杰斐逊成为副总统，因为杰斐逊与他意见总是相反的，两人如果搭配起来，往往会造成许多政务上的危机。虽然在竞选期间里杰斐逊并不总是提到政治的事情，但是他仍然以608 票对亚当斯的 711 票，当选为副总统。

1797 年 3 月 4 日举行就职典礼的时候，华盛顿身着黑色衣服，亚当斯穿着浅褐色的衣服，同时佩了剑和帽章，杰斐逊的头发绑成了辫子，着蓝色单襟到膝的长外套。典礼后三人离开大厅的时候，对于谁应该走在最前面这个问题相互礼让了一番，最后，华盛顿坚持亚当斯应当先行，然后是杰斐逊，最后是他。于是，美国终于通过了它的第一次考验。

杰斐逊纪念堂

对于权力的转移问题，既不需要流血也不需要暴力，而是在谦恭礼让之中完成。

杰斐逊终于还是回到了政治圈，而好友麦迪逊恰好相反，他在杰斐逊任副总统后就退隐到了弗吉尼亚的农场里，直到后来杰斐逊出任总统的时候，他才再出任国务卿的职位。

杰斐逊担任副总统一职的最初，曾经想过要与亚当斯恢复往日的情谊，但是此时的总统亚当斯在与他交谈的时候却说打算让他去法国。这无疑给杰斐逊浇了一盆冷水，因为当时美国与法国之间的外交关系已经严重破裂。后来，杰斐逊发现副总统根本没有什么实权，这种无事可做的闲散日子很使他感到受到屈辱。后来，杰斐逊着手编纂了一本参议院规则的手册，修整松弛的议事程序，里面的解说十分详细，直到现在仍旧沿用。后来杰斐逊还担任美国哲学学会的会长，畅谈他多年前还曾经挖掘印第安坟岗的经历，赢得了不少民声。使杰斐逊与亚当斯越来越形同陌路的，除了在国内的事情之外，还有国外的事务。英法两国处于交战的状态，由于拿破仑掌权，美法外交形势更为严峻。国内许多人都认为法国马上就要入侵美国，因此议论纷纷。1798 年的国会几乎成为了战时国会。杰斐逊眼看着多数的联邦主义人士，通过了 20 条战争法，中止对法贸易，授权缉拿法国海军船只，宣布废止 1778 年签订的联盟条约，下令建造海军战舰，并即刻征募 10000 人入伍，另外还计划训练地方军 50000 人。

杰斐逊因为此时身为副总统，不便攻击亚当斯的做法。

面对举国上下对战争的疯狂举动和身为共和党员所受到的人身攻击，杰斐逊采取了一种特殊的防御技巧，那就是埋头大量地写信，信中流露的是良知，是理性。他主张与所有国家通商，却不与任何国家结盟。由于杰斐逊管理着参议院，他不得不签署许多他不赞成的战争议案与压抑民权的法案，例如叛乱法，规定凡是著作、出版或言论不实而恶意中伤政府、国会与总统的人，必须严重罚款或者拘捕入狱。

叛乱法通过之后，杰斐逊又返回了蒙特沙罗，这一住就又是四个半月，从 1798 年 6 月 24 日至 8 月 22 日，这段时间里他几乎没写什么政治信件，但杰斐逊却下定决心要正式接掌他的共和党，并为竞选总统而奋斗。同时他还完成了两部论述，第一部是探讨研究安格鲁撒克逊民族的长篇大论。第二部是一部文献——《肯塔基决议案》，这部文献在 1799 年于弗吉尼亚州正式立法。

1798 年 8 月前后，欧洲发生了好几件事情，间接帮助提高了杰斐逊的声望，其中最重要的一件是纳尔逊的法国舰队在尼罗河口的阿布琪湾战败，这使拿破仑的军队在北非有三年的时间没有动弹。最后联邦党的人士终于知道，法国将要进攻美国只是他们的想象而已，总统亚当斯也去除了压迫感而恢复了理智，在 1799 年 2 月与法国握手言和，并派大使去往法国行进行磋商。这一年的 12 月 14 日，华盛顿意外地死于喉部感染。

1800 年总统选战期间，从杰斐逊的信上所表现出的那种政治倾向，和他的勇悍自制与小心谨慎的态度，都可以看出他这时的果决、坚定和慎谋。他不再为亚当斯的挑战而感到困扰，他相信亚当斯现在已经成为对共和国的威胁了。杰斐逊再也不会像上次的竞选那样，这一次杰斐逊决定参加。共和党人还为杰斐逊写了传记，散发了 5000 份出去，这是美国政治史上的创举。

杰斐逊虽然毅然决然地参加了竞选，可是他的女儿玛莎一点都不高兴。由于杰斐逊是在蒙特沙罗坐镇指挥，各式各样的人都来到这里，车水马龙，人山人海，父亲虽然就在身边，但是总是可望而不可即，这真叫玛莎受不了。此时，联邦派人士不断地攻击他，说杰斐逊如果当选总统，就意味着内战的开始，而从欧洲驱逐出来的成千上万的法国人和爱尔兰人就会在美国作乱、劫夺、瓜分人们的财产，黑奴们在杰斐逊的领导之下，也会起来造反。甚至于还有牧师指控杰斐逊骗取孤儿寡妇的财产，而教士们还告诉教友们说，投杰斐逊的票就是投票反对基督教。

玛莎的丈夫伦道夫的精神病症在杰斐逊离开弗吉尼亚赴费城担任副总统的时候曾有起色。1797 年 3 月，他还竞选代表阿尔贝马尔县出席弗吉尼亚议会。可是选举那天他却没有出席，失去了大好的机会。波丽似乎对父亲杰斐逊的竞选较为兴奋，她对于自己的婚姻也比玛莎觉得满意，她住在童年时曾经待过的地方，日子过得也很幸福。

1801 年 1 月 4 日，与杰斐逊一同竞选副总统的艾伦·伯尔，得到消息说他与杰斐逊得票相等，竟然十分绝情地告诉杰斐逊的朋友说，如果国会要选他，就让他当总统，杰斐逊担任副总统有什么不可以呢？知道这些之后，杰斐逊才知道原来他遇上了更麻烦的对手，这个对手比汉密尔顿还诡诈，还狠心。更糟糕的是，联邦派的人士竟然酝酿着打算让首席大法官约翰·马歇尔出任临时总统。

不过更没有想到的是，在这次的纠纷里杰斐逊竟然获得了汉密尔顿的帮助。汉密尔顿十分了解伯尔阴谋狡诈的个性，可能是因为他们两个人的性情很相似，只是伯尔比汉密尔顿更为阴险罢了。汉密尔顿对婚姻之外的冒险还有所选择，而伯尔却是来者不拒，多多益善；汉密尔顿或许会对自己的亲戚与事业伙伴掉以轻心，致使他们乘机盗用公款，但自己在财务上却是清白无瑕的，而伯尔这个人却自己贪赃枉法。

投票的日子总共持续了五天。有一天开会到了深夜，代表们只能睡在会议室，他们有的裹着厚厚的大外套睡觉，有的蜷缩在椅子里，有的就干脆平躺在地上。杰斐逊有个朋友是马里兰州的代表约瑟夫·尼可森，他当时发着高烧，却还要让人抬着走过雪地前来投票。杰斐逊虽然心中十分激动，但是他在主持参议院事务紧张的六天危机当中，外表仍旧显得格外镇静自若。到了第六天，杰斐逊终于打破了与伯尔平手的局面，最终赢得了选举。

杰斐逊在参加就职典礼的那一天，穿着十分朴素，他和他的朋友们从他所住的地方步行前往国会山庄，来自华盛

总统山杰斐逊雕像

顿城的一连炮兵和枪手，在他所住的门前游行，当他步入国会山庄的北门之时，礼炮立刻被燃放了起来，场面格外激动人心。在华盛顿这座新城当中，几乎什么都没有完成，国会山庄也包括在内，当然这个城市有部分是杰斐逊设计的。

在参议院的议事大厅中，人们马上就注意到约翰·亚当斯并没有出席。杰斐逊信步走在大厅当中，在他的右边是艾伦·伯尔，左边的是约翰·马歇尔，可是谁也都看不出来这三人原来是相互竞争并且憎恨，而且互不信任对方的。

此时的杰斐逊显得十分和蔼可亲，他的神态似乎像贵族那么高贵，而又像平民一样亲切，而两者恰好在杰斐逊身上融合起来。他开口说话的时候声音十分低沉，在人山人海的议事厅里，只有前面几排才听得清楚，排在后面的人只能在第二天华盛顿的报纸上读到他的演说。

杰斐逊的就职演说是美国初期政治史中十分珍贵的文献之一，它具有《圣经》一样的冲击力。从总体来说，它是一篇和解调停的演说，他说大家都是共和人士，也都是联邦人士，那些强烈反对他的人们听完这个之后，不再有唾骂，变成了支持的态度。他用精确的解说给少数人的权力下了一个绝妙的定义，他说少数人的意见错误是可以容忍的，但需要让理智自由地与它战斗。杰斐逊说他相信共和政府会成为世界上最强大的政府。杰斐逊说，一个好的政府是一个明智有为的政府，它会防止人们彼此伤害，而让人们自由地去努力和进步。

这个解说也就说明了为什么身为革命政治家的杰斐逊是特殊之人的原因，因为他可以把人们所憧憬的东西通过一定方式完美地解释出来，就好像它就在眼前。而相反地，亚当斯认为大部分的人都是腐坏堕落的，但是杰斐逊却认为国人有着沉着稳定的特性，也是国家的基本。亚当斯认为人性本恶，所以共和政体一定会腐败，而杰斐逊却在一些希望当中见到政治的本源。这也许就是人们舍弃亚当斯而支持杰斐逊的原因。

1801 年 3 月 1 日，杰斐逊写给朋友信上说他们经过了种种艰难险阻的阴霾，乘风破浪，终见阳光，而这也证明了他们的船是坚而不摧的。

人生落幕

总统面临的问题

很多人会说，杰斐逊在当选总统之后，他的人生最高峰就达到了，之后开始缓缓向下滑落，而且他之后也没有什么作为了。更有人说，杰斐逊在胜任总统之后，把他一生中最精彩的，都留在了之前还有第一次就职演说的时候，以后还剩下些什么呢？似乎什么都没有。至于后来杰斐逊购买路易斯安那的土地，完全是个偶然的事件，他能够买到这片土地，最大的原因是拿破仑的痴心妄想，而不是杰斐逊凭着他外交能力而取得的。其实，这种说法很不正确。

1803 年的《亚眠和约》终于还是让西欧的国家都暂时保持了很长时间的和平，而这也能让杰斐逊有时间实施他的计划，将美国的陆军减到了 3000 人，海军更是减到了只剩几艘战舰而已。虽然杰斐逊就任总统之后立刻就产生了小范围的战事，但是他凭着坚定的决心小心处理了此事，而没有让这战事波及整个美国。

杰斐逊也开始了修整虽然看着表面十分稳定但是内部却是千疮百孔的共和国，下令恢复出版和言论的自由，并且杜绝了军国主义的思想与政策。当然，这些事情都是他悄无声息地进行的，从来没有大事宣扬过，要知道杰斐逊是个厌恶吹捧自己的人。

新的共和国国会从诞生之后，立刻废止了叛乱法案和外人法案，对那些受到其他国家压迫剥削而逃亡的流民美国再次向他们打开大门。在杰斐逊的内阁里，起用了一个瑞士后裔为财务部长。这个人确实有能力，杰斐逊在这位能干的理财家的协助之下，减少了1000万美元的国债，与此同时还适量减轻了人民的税赋。除此之外，杰斐逊还对税务进行了调整，废止了联邦政府抽取的威士忌酒税。之后，杰斐逊越来越受到人民的支持，他的声名也响彻整个美国，而联邦党也在慢慢地消失，由以前有组织有力量的政治团体，变成了只有几个人坚守的政治势力。

联邦派的势力变得大不如以前，所以杰斐逊辞退了不少联邦派人士，恰恰约翰·亚当斯的儿子约翰·昆西·亚当斯也在其中，但是杰斐逊并不知道这个情况，不过后来亚当斯的儿子也马上就原谅了他，因为他觉得杰斐逊身上有一种实干的魅力。

能说明杰斐逊有魅力的例子还有一个。在那些年轻有为的共和党员里面，有个人名叫塞缪尔·哈里生·史密斯，他是华盛顿《国家通信报》的出版人，他家有一个很美丽的太太。选举后之后不久杰斐逊到他家拜访，刚开始塞缪尔的妻子并不知道前来拜访的人是谁，就单独跟他聊了一会儿，她只觉得这个人的神态和身体里仿佛有什么魔力似的，立刻将别人的防线击破并俘获。等她的丈夫进来跟她介绍完之后，她突然觉得一颗心狂跳不已，总统就在眼前那么真实而又有魅力。

杰斐逊不仅能够攻破别人的心理防线，更是个很好的治理者。他所追求的领导方式，是本着人类的本性，而不是本着一味的命令。在他的邀请之下，好友詹姆斯·麦迪逊现在成了杰斐逊的贴身助手，担任了新任国务卿，他的作风可以说跟杰斐逊如出一辙。杰斐逊在 1801 年 10 月 3 日写给好友威廉·肖特的信上说："我们感到自己在壮大，而且还在日益精壮之中。"这不仅仅是他对自己的一种描述，更是对美国当时情景的一种描述。

有些人觉得路易斯安那土地的购买功劳不在杰斐逊，但是谁也不知道只有这么办才能够真正避免战事，不过一般的人谁有这个远见呢？当然，买地这种事情曾经也有人做过：路易十四就曾经在英国人手里买下了敦刻尔克。

1801 年 12 月，西班牙政府下发命令关闭新奥尔良港口，此时议会的联邦派人士就怂恿用武力去争夺，但是这种十分传统而不和谐的想法也是需要用流血付出代价的。可是，杰斐逊认为西班牙的这次举动只是一时而已，因为密西西比河河道仍然十分畅通，如果动用武力，才会真正招致西班牙的海军封锁港口。如果再想占领新奥尔良的话，将意味着起码七年的战争，至少牺牲 100 万人的生命，另外增加 10 亿美元的外债作为战争的代价。战争最可怕的地方是能够让人道德沦丧。最好是等到密西西比河附近增加足够的人口，让他们有自己的事情做，而不必从大西洋海岸派出兵员走1500英里，舟车劳顿，还要与不适应的天气“争斗”。这些道理顿时让那些好战分子安静了下来，而这归功于杰斐逊理智的想法。

杰斐逊总是在强调一句话：“和平是我们酷爱之物。”而这一句话，完全体现出了他这一生的思想精华。之前，杰斐逊追求的是解放，现在早已被对宁静的需求所取代了。如此的个人需求影响了杰斐逊的外交政策，也影响了他处理国内事务的政策。他这种“和平就是一切”的思想价值观念，让他在他的第一届总统任期内出奇的平静，但是这也造成了他政治生涯里最大的败笔，那就是在摧毁奴隶制度上没有重大建树。

18世纪70、80年代的革命风潮，曾使许多的州开始立法解放黑奴。到1804年的时候，马里兰州以北的各州都已经废止了奴隶制度，而弗吉尼亚州、南北卡罗来纳州和佐治亚州解放的努力只是昙花一现，到1793年轧棉机发明之后，更使得解放运动的势头消逝得无影无踪了。因为城市圣多明各的危机仍存在着，国内相继发生了两件重大事情，让杰斐逊对于解放的事情迟疑不决，不敢放手去做。其中一件是1800年盖比瑞的谋反；另一件则是新闻记者詹姆斯·汤姆森·卡伦德对他私生活的揭露。

盖比瑞是个自由的黑人，但是他计划用粗制的剑、枪、刺刀等武器武装1000名奴隶，于1800年8月30日的晚上在里士满带领奴隶造反，不过由于消息被透露，许多奴隶被捕，25名被执行了吊刑。当时杰斐逊在蒙特沙罗度假，他写信给弗吉尼亚州州长詹姆斯·门罗说，他认为吊刑已经用得够多，对于其他涉嫌的黑奴，他主张驱逐出境，不要再用吊刑处死他们了。后来路易斯安那土地之所以能够顺利地购买，主要还是因为50万绝望而又英勇的海地黑人不愿意再被奴役的结果。

在1800年总统竞选期间中杰斐逊就有很多预兆，有人想曝出他的私生活，而这很可能成为政治宣传的一个鲜活的题材。但是每次有机会，杰斐逊就急忙赶回蒙特沙罗。他就任之后前22个月里，一共回家三趟，总共待了有八个月的时间。虽然两个女儿都不在家，但是就职后不到四个星期他就首次返家，一住就是一个月，直到1801年4月26日才回到华盛顿。而这时候萨莉·赫明斯在5月里的某一天又生下了一个女婴。

新闻记者詹姆斯·汤姆森·卡伦德在亚当斯任总统期间，因为写了一篇《我们的展望》而触犯了叛乱罪条例被抓捕入狱。他在杰斐逊就职之前就已经服满九个月的刑期出狱，只是又被加罚了几百元钱。1801年3月16日，杰斐逊给了卡伦德一项官方的赦免，并让首席检察官送信给里士满的警长戴维·伦道夫，让他发还罚金。但是钱都已经入了腰包，伦道夫又是个死硬的联邦派，怎么能轻易拿出来呢？这时，卡伦德已经收集了很多有关杰斐逊爱奴一家的资料，这足以成为他勒索杰斐逊的工具了。而此时恰好杰斐逊少回了他的一封信，于是他对麦迪逊埋怨说，他的罚款杰斐逊没有还给他，而他曾经为共和党撰写过文章，杰斐逊就这样不知感恩图报。

杰斐逊接到麦迪逊的消息之后，立刻写信给詹姆斯·门罗，请他从私人款项中代拨 50 元给卡伦德。而这时，戴维·伦道夫已同意还钱，不过要卡伦德去他家拿。小心而谨慎的新闻记者恐怕会遭人毒打，不敢前去，只要求以邮寄方式付款。这时，他的眼睛已经不看在 200 元上了，他看上的是里士满邮政局长的职位。麦迪逊把这事告知了杰斐逊，杰斐逊给了自己的秘书梅里韦瑟·刘易斯 50 元，让他立刻交给卡伦德。1801 年 6 月 20 日，伦道夫终于把那 200 元罚款还给了卡伦德，但是卡伦德也明白了杰斐逊和他的手下只是把他当成了一般的勒索者，他也看出来自己与共和党已经走到头了。

1802 年夏天，一份在费城出刊的联邦派文学刊物上，有一首匿名的歌谣，暗示总统喜欢黑女人。这时卡伦德已经加入《里士满记录报》，这是联邦派的报纸。他开始在 7 月初攻击杰斐逊，说杰斐逊曾很赏识他，并给过他金钱，他还引述杰斐逊的信为证据。这时人们才第一次知道，这个曾经抖出汉密尔顿的风流艳事而且曾经贬损华盛顿和亚当斯的记者，在杰斐逊任副总统的时间里也曾经接受过他的赞助与鼓励。杰斐逊感觉自己被出卖了，这着实让他痛心难过了一番。

1802 年 9 月 1 日，卡伦德把收藏了数月的资料正式公布出来,说大家敬爱的总统多年以来,和他的一个家奴产生爱情,她的名字叫萨莉，等等。《波士顿报》曾经请求总统杰斐逊出面澄清,但是一直没有消息。因为许久之前,杰斐逊就曾说过,他绝不对报上的攻击加以答辩，因为回答了一个，还会再生出 20 个新的。他似乎对朋友、对敌人都一样保持着缄默，因此难免让人觉得，这就代表他默认了。但是卡伦德在此事的九个月之后，因为酒醉溺死于詹姆斯河中。

当卡伦德的这篇爆炸性的文章在 1802 年 9 月在里士满刊登之时，杰斐逊正在蒙特沙罗和女儿们一起度假，但是没有哪家报社敢派记者去那里，但都在纷纷揣测，这三个关爱着杰斐逊的女人之间的感情与嫉妒。也许没有人知道，很久以前三个人都已经彼此适应了，萨莉·赫明斯与玛莎年纪相仿，从小就一块儿长大，而波丽在萨莉生三个孩子的时候也在蒙特沙罗。

杰斐逊最终还是没有出来答辩，只是他的朋友说，杰斐逊对周遭的人都一样好，他不会对我们孩子们表现出对谁偏爱，或是特别表现出父爱。1802 年 7 月里，弗吉尼亚流行麻疹，杰斐逊害怕玛莎刚出生的儿子会感染，立刻命令蒙特沙罗所有染患这种病的奴隶小孩在他们回到家之前完全撤出该地区，萨莉的孩子例外，他让他们迁往别的住处。不过，重要的是杰斐逊并没有因害怕流言而把萨莉和她的孩子派往别的农场。

现在，杰斐逊面临有两个问题：第一是如何维持女儿对他的情感，第二是如何尽快化解那些流言而不至于影响他竞选连任的机会。

杰斐逊从当选总统一开始，就劝她们搬到华盛顿长期居住，但是她们总因孩子生病不能过来。现在却不同了，杰斐逊先回华盛顿，波丽随后就跟了来，把才满周岁的儿子留在家里，玛莎紧接着计划带两个年长的儿女去，其余的也留在家里，让他们的爸爸去照顾。这两个女人丢下丈夫和儿女，过来与父亲一起住冬天，可以显示出他们之间的感情是多么的深厚。玛莎和波丽在这一年的11月到达华盛顿，停留了六个星期。刚从法国归来的杰斐逊好友托马斯·潘恩此时过来拜访，他对于这姐妹两个对父亲的关爱和孝顺感到十分欣慰。

杰斐逊从担任总统职务之后，他的服饰就力求节俭朴素，这也是共和党的要求，因为共和党很厌恶外国宫廷里的奢华。这位在巴黎居住之时对自己的服饰精挑细选的总统，现在却是穿着“一件老旧的褐色外套，红色的背心，旧而污损的棉布衣服，羊毛的长筒袜，以及无跟的拖鞋”，这很容易让人误以为他是个奴仆。

但是不管怎么样，杰斐逊对食物和酒从来没有那样节俭过。杰斐逊从来不单独吃饭，他十分好客，有时候座位上多达八九个人，最多的时候达到过 18 个人。女儿们也为自己在华盛顿居住的花费感到不安，因为她们的父亲坚持要替她们付全部的费用，包括新衣服的钱在内。

当拿破仑的军队秘密开到密西西比河，获取了西岸广大土地时，大部分的美国人对这种情况的严重性还不甚了解。在杰斐逊周全的计划下，他让国会秘密通过了一项法案拨给他 200 万美元，让他自由运用，以便与拿破仑进行磋商，并进行外交程序，用来达到购买路易斯安那的目的。同时杰斐逊又用同样精密的策略，赢得了国会的支持，向西推进往太平洋地区进行探测。因此，杰斐逊在自己私生活受到干预的时候，还为他在总统任期内的两大建树奠下了根基——购买路易斯安那土地与开拓通往太平洋的道路。担任前往太平洋沿岸地区探险的探险队队长的是梅里韦瑟·刘易斯，他是杰斐逊的信徒和私人秘书。

不过，卡伦德的攻击仍然继续着。从 1802 年 10 月 13 日至 1803 年 3 月 9 日之间，他又写了一连串的文章，继续对杰斐逊进行人身攻击。1803 年 4 月，杰斐逊写了一篇精辟的论述——《耶稣教义评估大要》，与其他人的比较，可以说是对于社会之流称他为无神论者的自我辩护。《大要》大致是说，他是个尊崇耶稣的好教徒，只是不接受他的神性，可是他接受他的道德规范。

杰斐逊在写《大要》的同时，也想到了要删修《圣经·新约》。他删除了一些“以讹传讹”的部分，略去了所有关于超自然现象的叙述，他在1804年至1805年间删修完成，他觉得这46页的小册子可用以教导印第安人对基督教的认识，而不必要他们改变宗教信仰。1816年，杰斐逊终于完成了全部的编纂工作，用红皮金边装订，书名为《耶稣的德范》。书成之后，因为害怕遭人借此指责他为无神论者，所以他没有宣传出去，直到杰斐逊去世之后，才出版改名为《杰斐逊版圣经》。

沉默的价值

杰斐逊在总统的任期之内，遇上了很多人的死亡。卡伦德的死确实让他长长地舒了一口气，但是他的一些老朋友，比如塞缪尔·亚当斯、埃德蒙·彭德尔顿等也都相继去世了。而在杰斐逊竞选总统的前几个月时间，跟他同岁而且一直是如影随形的服侍着他的老奴也去世了。

1801年里的一段时间，杰斐逊突然患上了赤痢，他原本以为自己也要死了，就对自己的病守口如瓶，后来他坚持每天骑马两小时锻炼身体，竟然痊愈了。

1804年年间，杰斐逊的二妹玛丽在1月去世，随后他的爱女波丽在4月也不幸去世。7月里，艾伦·伯尔在决斗场一枪打死了亚历山大·汉密尔顿。1806年，乔治·威思被心狠手辣的侄孙用砒霜毒死了。1809年，赶往太平洋岸探测而成英雄人物的梅里韦瑟·刘易斯，在一次自杀事件中也去世了。

1802年，杰斐逊的女儿玛莎和波丽的丈夫同时都被选入国会，杰斐逊坚持让他们住进总统府，像对待自己的儿子一样。杰斐逊对两个人所表现出来的敬爱也是十分满意的。杰斐逊以内举不避亲的胸怀，竭尽所能地协助他们两人发展事业，并以谨小慎微的方式对待两人，与他们经常讨论政治方面的问题。杰斐逊更喜欢埃普斯多一点，因为他秉性开朗活泼，而郁郁寡欢的伦道夫，时不时地要使几下他的坏点子。

1804年2月15日，波丽生下一名女婴，也取名叫玛莎。女儿虽然日益成长，作为母亲的自己身体状况却每况愈下。当杰斐逊知道她的胸部长了脓疮并且呕吐不止的时候，他让她丈夫一定要从蒙特沙罗带回一些真醇的陈年雪利酒过去。他催促波丽的丈夫带她来蒙特沙罗过夏天。奴隶们做了个担架，非常小心地抬着这个年轻的母亲，走了很长的路，爬上了小山头。4月17日，杰斐逊的爱女波丽去世了，这时她才25岁。

1804年4月4日至5月11日，就在杰斐逊返家探视波丽病情期间，萨莉·赫明斯又怀了另一个孩子，并在1805年1月19日生下了一个儿子。

1804年7月11日，杰斐逊的副总统艾伦·伯尔决定和亚历山大·汉密尔顿来一场决斗。伯尔一枪射穿了汉密尔顿的肝脏和脊骨。汉密尔顿在中枪30小时之后死亡，这个消息立刻像炸了锅般地四处传开，惊动了全国。很多人都知道，决斗是违反纽约的法律的，无论是要求或是接受决斗，都算犯法，可以判处剥夺权利长达20年。更为嘲讽的是，汉密尔顿自己还曾经大力协助通过这项民事法律。汉密尔顿是在自己的事业、家庭都下滑的情况下接受伯尔的挑战的。两人是因为汉密尔顿揭发伯尔的疮疤而起的争执。这样伯尔的政治前途，随着汉密尔顿的死结束了。

1804年选举总统时，杰斐逊的竞选伙伴是乔治·克林顿，这个人又老又病，不是杰斐逊的对手，而且连麦迪逊的对手都当不成。本来，杰斐逊是打算要让麦迪逊继承自己衣钵的。但是这次选举，176张选票里，杰斐逊自己就赢得了162张。

杰斐逊从小接受的教养就是沉默胜于攻击，所谓病从口入祸从口出，汉密尔顿的嘴让自己送了命，更证明了沉默的价值，尤其是对于别人的恶意毁谤，保持缄默是很好的办法。杰斐逊对于决斗的事没有发表任何意见。

1806年6月4日，杰斐逊接到里士满友人的来信，说他的老师威思一家，在吃草莓喝咖啡的时候，被他的侄孙用砒霜毒害了。这“一家”指的是威思、他黑白混血的女奴，还有女奴的儿子迈可·布朗。威思在遗嘱中，把半数的银行存款给了迈可，并指定杰斐逊为执行人，负责这孩子的抚养、教育和其他事项。他还遗赠给杰斐逊两只银杯、自己的金头手杖，还有全部上好的藏书。迈可死了，他妈妈获救，威思自己在说出中毒真相之后去世了。威思公然地遗赠屋产给自己的混血管家，把银行积蓄给混血管家的黄皮肤儿子，又把他的教养托付给杰斐逊。这种举动明显是告诉整个美国，杰斐逊是孩子的父亲。弗吉尼亚的白人因此十分震惊，当时弗吉尼亚法律是不许黑人为白人作证的，威思侄孙的罪因此而开脱。

这件事情也是对杰斐逊的一种公开的警告。弗吉尼亚白人最痛恨的就是白人依法接纳承认自己的黄皮肤孩子了。如果杰斐逊曾经在什么时候想过，要让萨莉的孩子平等地享受权利，这件下毒的事情，就再度把他拉回现实当中。显而易见的是，如果想要使这些孩子能过上自由自在的生活，只有一种可行的方法，那就是想办法让他们受教育，并且让他们以白人的身份进入白人的社会。威思被毒害的时候，萨莉33岁，杰斐逊已经有63岁。他从此对萨莉一家就更缄默守秘了。

1805年间，前副总统伯尔因为决斗事件而不得不打算结束他的政坛生涯，但是他与英政府密谋，想发兵侵占华盛顿，刺杀杰斐逊。伯尔打算建立一个西部联盟，并且去往墨西哥，推翻西班牙人的统治，而后在那里称帝。但是，事情马上就败露了，杰斐逊在1806年11月27日发出通告，呼吁人民协助平乱，伯尔被捕入狱。但是经过审判之后，他竟然无罪释放了。

杰斐逊一直向往着和平。他灵巧地维持着党内的和平，并且巧妙处理了麦迪逊与门罗之间裂痕的扩大，更是避免了共和党一分为二。杰斐逊在总统任期之内，一直都是实行和平地购买与协商的政策，并且尽量避免与印第安人开战。杰斐逊不仅不以战争为战绩骄傲，同时他还不屈不挠地寻求其他的方式以达到政治和平的目的。对和平的期盼融入了杰斐逊的公开生活，对宁静的希望也走进了他的私人生活，而理智与冷静更是他做事的标准。

1802 年，《亚眠和约》被废弃，杰斐逊从一开始就决定在法国与英国之间保持中立。他以前对法国的同情现在已经完全改变了。1804 年，拿破仑加冕称帝，这让杰斐逊十分憎恶，觉得这是独裁统治。

1807 年 6 月 23 日，美国开往地中海的战舰“切萨皮克号”，在汉普登码头外遇到英舰“豹号”的拦截，英舰要求上船搜索叛逃的英国水手，但是遭到拒绝，于是英船炮轰“切萨皮克号”。美国战舰在一时间没有还击的情况下，被击中了 3 炮，3 人死亡，18 人受伤，“切萨皮克号”只好投降，结果英军带走了 1 名英国的逃兵和 3 名美国人。

这时候，杰斐逊如果宣战，全国人民一定都会支持他，从独立革命的莱克星顿战役以来，全国从没有这样激动愤慨过了。杰斐逊命令英国战船远离美国的水域，并警告各州州长召集民兵，下令建造更多小型的、防御性的战船，并且马上召开国会，可是大会的日期却是在三个月之后。这一年的7月底，杰斐逊轻松愉快地返回了蒙特沙罗。

杰斐逊经常回家长住，这早已经遭到非议，但是杰斐逊说自己在蒙特沙罗的工作要比在华盛顿还要努力。杰斐逊认为，宣战只会让英国的海军战舰开往美国海岸，他可没想让新奥尔良落到英军的手里。但是面临着英军日渐猖狂的劫夺行为，要想保持中立并不是一件容易的事。英国不仅加紧控制驶往法国的船只，而且延伸到美国。

1806年11月，英国通知所有美国的船只都要先到英国领取执照，否则在海上就可以成为他们劫掠的对象，即使是开往西印度群岛的船只，也适用这项通令。同时，英国增加棉花的税务，让美国蒙受了很大的损失。美国的船只不遵从通令的，没收充入英国海军，而美国的船员就被打入英国的地牢。法国的拿破仑也同时对英国港口宣布反封锁，同样延伸到了美国。于是杰斐逊的海员们就陷入两面受敌的境况中。

杰斐逊觉得，现在他只有三个选择了：战争、臣服纳贡，或者单方面的英、美货物的禁运。1808年，这时的杰斐逊是65岁，但是他的身心都没有老化，他从没有想过利用这种爆炸性的国际形势，让使自己在位长久一点，或是证明自己的雄劲威武。

1806年11月，杰斐逊再度巧妙地说服国会，通过一项禁运的法案，而不必宣战。他希望以这个方式，让海上的两万至三万的美国船员都回到家乡，让他们和 2000 艘船只还有 8000 万美元的船货一起受到国家的保护。其次，杰斐逊计划试行战时经济制裁，希望能够牵制住英国的经济，逼迫英国政府撤销颁布的通令。他希望以这种方式来避免人民卷入所谓的乱战之中。

禁运这种手段，不仅仅是威力强大的一个经济武器，也是从国际间退守孤立的重大保障。杰斐逊希望禁运之后，本国自己的制造品能够应运而生，用来取代英国的产品，这一项的确是做到了,从此国内的农产品达到了自给自足的状态。后来，全国其他行业也都转成小工厂的经营，全国得以坚定地独立着。这样可以避免不去蹚结盟缔约的浑水，而且美国要在经济与地理位置的孤立中继续顽强生存。当然，杰斐逊从开始知道要实施禁运，是要付出一定代价的，但是杰斐逊认为，暂时的劣境可以避免国人陷入更危险的情况，而事实证明他确实是对的。

禁运在 1809 年 3 月被废止，这时杰斐逊还没有离任。之后，除了英、法两国，所有的贸易重新开启，这样就使麦迪逊的新政府不用再为了什么去低声下气地讨价还价了。只是，麦迪逊不知道，当他颤抖着双手在国会里要求宣战的时候，英国政府已经向美国的这种“经济武器”投降，已经撤销了通令。但是当时通信科技没有这么发达，要不然就不会有战事的发生了。

伟人的余生

1809年的时候，杰斐逊回到了弗吉尼亚养老。他的亲朋好友都希望他马上开始写回忆录，但是他一再婉言拒绝。直到他到77岁的时候才开始写自传，只是，他很不愿叙述自己的私生活，总是记载他事业里的一件件没有任何味道的事迹，杰斐逊写了60多页之后，就觉得谈论自己实在是没什么用处，直到他把1789年离开巴黎的事情写完，就把写回忆录的事全部都抛弃了。

杰斐逊即使在77岁的时候仍然像27岁时那样充满了理想。此时他正积极地准备筹建弗吉尼亚大学，把他那好像永远用不完的精力都花在这个大学的兴建上。

杰斐逊在两位著名建筑家的帮助之下草拟了校内大部分建筑的蓝图。杰斐逊同时还计划好了课程，尽力挑选了课程的教授，其中大部分是来自欧洲的学者。

自从退休以来，杰斐逊就在白杨林的农庄建造了第二个居所，用来躲避那些蒙特沙罗的访客。为了弗吉尼亚大学，杰斐逊把校园设计成自己认为最严肃而赞赏的样式，后来他

杰斐逊建立的弗吉尼亚大学

还加以修改变化，让它适合大学的实际需要。

弗吉尼亚大学校内有个圆厅，是他照着罗马的万神殿为模型而设计的，用来当图书馆用的，但是杰斐逊本来打算把它用作星象馆，让星星在各自的位置上投影出来，而且可以让一个人在可移动的座位上操作。虽然学校建成后与杰斐逊之前的设计有些差别，但是大学仍旧是美国文明中最杰出的建筑设计之一。

杰斐逊为他的大学所设计的课程，也是美国教育史上的一大成就。大学的课程包括现代和古代语言、纯数学、陆海军的兴建、机械学、光学、天文学、气象学、地理学、解剖学、物理化学、矿物学、哲学、博物学、法学、纯文学与美术，只是没有宗教方面的学科，而医学的研究也只是限于理论方面。

这所大学最后在1824年5月正式启用，共有10个馆，109间宿舍房间，学生218人。杰斐逊为自己写的墓志铭是这样的："独立宣言与弗吉尼亚宗教自由法的起草人，与弗吉尼亚大学之父。"他这么写，是因为这些事迹是他最希望人们怀念的。

杰斐逊在最后几年的时光中，身体状况不是很好，经常会焦躁不已。1819年的经济恐慌，还有连年的农作物歉收，让他想逃脱出债务困境的希望破灭了。杰斐逊一直期盼第二年会丰收，偏偏遇上意外的天灾，结果他的债务越积越多，后来终于破产。尽管这样,杰斐逊的某些花费还是有增无减，尤其是他在好客这方面，他出手十分阔气，不愿让别人觉得他小气。

杰斐逊对自己的债务总是忧心忡忡，他此时内心特别矛盾，他既害怕别人说他吝啬，又不情愿清偿旧欠。他担任总统的时候，曾经成功地减少了国债，然而为什么自己的债务却屡屡增加了呢？杰斐逊的母亲在1770年积欠英国银行的债款，他到了1808年的时候还没有还清。杰斐逊自己也欠了好朋友威廉·肖特等人的钱，拖了好几年，如果不是把自己的藏书卖给了国会图书馆，估计也是还不清了。

很多债务是杰斐逊不想还的：一些他认为根本就不欠，还有一些是迫于现实的需要，不得不一直拖欠，另外一些就是他着急要还的。杰斐逊对钱财的这种放任不羁，可能从小就养成了，特别是他的父亲，因为他是继承人，而且是家中天分最高的孩子，不免对他放纵。而且杰斐逊自己也不愿做个小气鬼的父亲，不管是在情爱方面，还是在金钱方面，所以他经常对家里的人付出大量的爱和钱。

1818年时，尼古拉斯担任弗吉尼亚州州长，是里士满一家银行的董事。他有一个达2万美元的借贷，需要杰斐逊签名作保，而此时的杰斐逊稀里糊涂地就把名字签上了。到1819年经济开始出现恐慌，弗吉尼亚境内的所有银行都关门大吉，而尼古拉斯这时也被拖垮了，没过多久就去世了。悲惨的杰斐逊现在自己要负责这2万元的贷款了，每年光是利息就要付1200元。无奈之下，杰斐逊把大批的黑奴卖给了外孙弗朗西斯·埃普斯，得到了3500元。但是这些钱跟那2万元实在是差太多了，这时，他的孙子托马斯·杰斐逊·伦道夫建议他，让他来处理杰斐逊所有的财产，杰斐逊就同意了。

自从银行倒闭之后，许多人都对银行的设立心怀恨意，于是人们想起杰斐逊之前也是不信任银行的，就有人希望他的女婿托马斯·伦道夫竞选州长。人们都不知道他的精神有毛病，而且他竟然连续三年都赢得了选举。在职期间，伦道夫实行的是杰斐逊的共和主义，提倡逐步解放与准许黑奴出境，并且积极修建弗吉尼亚大学。杰斐逊的女儿玛莎很少跟他住在里士满，后来伦道夫就开始酗酒，这样的举动让人们把他看成是个失败者。而伦道夫离职的时候，他已经欠下三万多元。伦道夫把自己的财产契约都移交给儿子后，人开始变得更阴沉了，一定要到了晚上才肯去蒙特沙罗，最后他索性不再与岳父杰斐逊和他的儿子来往。1823 年，杰斐逊的女婿约翰·埃普斯过世了。

杰斐逊 78 岁的时候，他不小心从破损的台阶上摔了下来，左手腕和左手臂都断了，等到骨头长好之后，手腕一直是肿胀着的。

虽然在蒙特沙罗安装了富兰克林式的炉子，比普通的壁炉温暖得多，但是杰斐逊到了冬天还是很怕冷。后来，杰斐逊患了前列腺肥大症（男性特有的腺体的良性肿瘤），再加上他双腿肿胀，走起路来都十分困难。刚走一小段的距离，他就会感到格外痛苦。

1824 年 12 月，有个老朋友过来拜访杰斐逊，发现他在 82 岁这么大的年纪之时，还每天骑马锻炼身体。有一次，杰斐逊的马失足跌到了急流中，他那已经残废了的手腕又刚好套在缰绳中，这下差点把他淹死。杰斐逊很害怕老去，他认为一个人老了，就算仍然身体硬朗，但是神志已经开始不清，记忆也逐渐丧失，活着没有什么意思。

1824 年，很长时间没有联系的老朋友拉法耶特从法国过来拜访杰斐逊。与他一起来的人当中，有个苏格兰的女子叫弗朗西斯·赖特。她的思想十分激进，而且十分厌恶种族歧视。当从蒙特沙罗回去不久，她就写信给杰斐逊，主张建造黑白人混合的学校和小区，并且普及教育，请求杰斐逊给予她声援。杰斐逊回信说，他已经年纪大了，对于政事已经不想过多过问了，但是杰斐逊认为她的想法很好，一定会得到人们的帮助的。结果弗朗西斯真的在田纳西州建立了一所黑白人混合小区，而这是美国第一个种族混合的小区。

拉法耶特返回法国之后，杰斐逊的债务情况更为严重，债主们总是不停地催促，万般无奈之下杰斐逊只有让孙子取得弗吉尼亚议会的同意，用卖彩票的形式出售所有的土地，打算借此能够暂时筹钱应付那些债主，同时还打算留下钱给女儿玛莎和她幼小的子女当教育费用。虽然伦道夫很努力，彩票却几乎卖不出去，这让杰斐逊十分愁闷。不过后来杰斐逊的这种状况传到了北方的其他州里，有人打算对杰斐逊的土地进行私人购买，因此彩票的计划就中断了。杰斐逊在他生命中的最后两个月里还是比较轻松快乐的，因为他的蒙特沙罗得以保全了。

这个时候的杰斐逊，病症总是不断地缠绕着他。很久之前，杰斐逊就从来不信任医生，但是他现在实在疼得痛不欲生了，只好勉强去费城找一个医生去看病。这个医生在检查完杰斐逊的症状之后，用塑胶的导尿管给他导尿，这才让他觉得舒服了很多。

在杰斐逊生命的最后几个月当中，他每天晚上必须服用一些鸦片才能忍住疼痛入睡。让人吃惊的是他的顽强意志，尽管他的病情十分严重，但是依然继续骑马从不停歇。

因为仍然存在着债务的关系，卖田卖地的那些钱还债还

杰斐逊的墓地

是还不起，所以之前想要释放所有黑奴的计划也不能实施了，只是，有些奴隶是必须要释放的。最后，杰斐逊挑选了五个全是赫明斯家的人，将他们释放了，只是杰斐逊还是没有释放萨莉。

不过，最让人称奇的是杰斐逊竟然能够“控制”自己死亡的时间！事实是这样的，约翰·亚当斯和杰斐逊两个人约定好了等过了《独立宣言》签署 50 周年之后再死，结果两人真的都做到了。

1826 年 7 月 3 日晚上，杰斐逊忍着最后一点生气抬头问自己的孙女婿说：“今天是 4 号吗？”因为过了 4 号，就是独立宣言的 50 周年了。到了晚上 12 点的时候，家人都害怕他随时都会去世，杰斐逊就再也见不到他想看到的 4 号了，就请他服药。但是杰斐逊凭着自己顽强的意志，不再服药，直到坚持到了 4 号，杰斐逊才安静地离开了人世。

杰斐逊的去世，立刻让蒙特沙罗陷入了慌乱之中。女儿玛莎悲痛欲绝，带着她的儿女抵达波士顿吊唁，并且在那里住了一阵子。过了不久，蒙特沙罗就被出售了，许多奴隶也都不得不被拍卖了。

而蒙特沙罗这个地方，因为伟人的去世，也逐渐衰败下来。后来，弗吉尼亚人在《独立宣言》签署 150 周年与杰斐逊逝世 100 周年的纪念日上买下了蒙特沙罗，作为国家的圣地。